삶을 위한
대화 수업

Restorative
Communication

삶을 위한
대화 수업

신호승 지음

변화와 회복으로 안내하는 듣기와 말하기

원더박스

삶과 사람과 사랑은 한 뿌리에서 나온 다른 싹이다. 뿌리인 '살-'에서 '-음'이라는 싹이 트면 '삶'이 되고, '-암'이 트면 '사람'이 되며, '-앙'이 터지면 '사랑'이다. 그러니 삶과 사람과 사랑은 자매요 형제다.

삶은 사랑이고 사람이다. 사람이 삶을 산다. 사람은 사랑 없이는 살 수 없다. 사랑은 마땅히 사람이 해야 할 일이다. 사람이 사랑하는 삶을 사는 데 없어서는 안 되는 게 대화다, 이야기다. 이야기는 삶을 품고 있고 사람을 품고 있고 사랑을 품고 있다.

이야기꽃을 피우고 싶다. 그 안에는 삶이 있고 사람이 있고 사랑이 있다. 웃음이 있고 눈물이 있고 장탄식과 환호성이 있다. 이야기는 사람과 삶을 이어 주고 사람과 사랑을 이어 주는 매개체다, 접착제다. 이야기에 관한 이야기 꽃밭을 함께 가꾸어 가고 싶다.

대화의 정원으로 여러분을 초대한다.

차 례

2장
변화

3장
회복

용어 설명

서클: 여럿이 둘러앉아 이야기 나누는 대화 시스템을 말한다. 중심을 향해 내면의 진실을 내어놓는 방식으로 이야기하며, 내어놓인 진실은 서로에게 선물이 된다. 지금의 서클 대화는 북아메리카 선주민의 대화 방식에서 유래했지만, 세계 각지에도 그 원형들이 남아 있다. 우리나라는 신라시대 화랑의 대화 및 의사 결정 방식에 대한 기록과 불가의 대중공사 등에서 흔적을 찾을 수 있다.

회복적 정의: 응보적 정의에 대응하는 철학적·실천적 운동이다. 미국 메노나이트 대학 하워드 제어 박사가 제창했으며, 현재 유엔을 비롯한 국제기구에서 기존 사법 시스템의 대안으로 추천되고 있다. 갈등이나 폭력 등 공동체의 질서를 위협하는 요소가 발생했을 때, 피해를 먼저 살피며 피해자의 욕구를 우선해서 사안을 다루도록 권고된다. 피해를 유발한 행위자와 해당 공동체 모두 관계 회복과 복구에 자발적으로 책임지도록 하는 과정을 포함한다.

일러두기

책 제목은 겹화살괄호《 》를, 시 제목은 홑화살괄호〈 〉를 써서 표기했다.

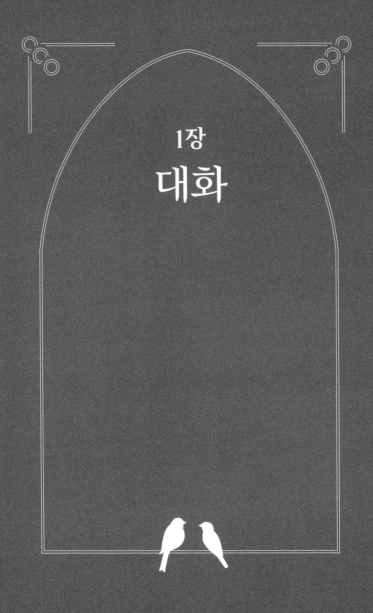

1장

대화

틈

불 피워 본 사람은 안다. 나무와 나무 사이 숯과 숯 사이에 바람 들어갈 틈이 있어야 불이 활활 타오른다는 걸. 빨리 붙여 볼 심산으로 나무나 숯을 켜켜이 쌓아 놓는다고 불이 잘 붙는 게 아니다. 적절한 거리를 유지해야 공기가 든다. 불은 그곳에서 타오른다. 그리하여 나무에 옮겨 붙은 불이 은은한 숯을 만들어 낼 수 있다.

꽃이나 풀도 마찬가지다. 틈이 없는 콘크리트에서 꽃은 피어나지 못한다. 왕성한 생명력을 자랑하는, 인간이 흔히 잡초라 부르는 풀조차 살아남지 못한다. 풀과 꽃에 필요한 자양분이 들어갈 여지가 없기 때문이다. 공기도 물도 햇빛도 거기엔 스밀 수 없다. 꽃과 풀과 나무가 어우러진 숲은, 그래서 무수한 없음의 틈에서 있음이 생겨나는 경이와 황홀의 공간이다.

대화에도 틈이 필요하다. 말과 말이 흐르는 틈에서 새로움이 움튼다. 생명이 자란다. 이야기꽃은 틈에서 피어난다.

홀연함

어떤 대화도 사전에 기획될 수 없다. 대화는 만남이고, 만남은 은총이다. 은총은 벼락처럼 다가와 흔적 없이 사라지지만 삶에 뚜렷한 결을 남기고야 만다.

홀연함, 그것이야말로 대화다. 대화는 언제나 현재다. 과거에 매여 있거나 미래에 발목 잡혀 있는 한 대화와 만남은 불가능하다.

만남과 대화의 철학자 마르틴 부버의 말을 되씹는다. "과거의 기억에 의존한 것도 아니며, 미래적 희망에 기인한 것도 아닌, 현재라는 초시간적 시간성 속에서만 나-너의 만남은 가능하다."

다섯 살의 대화

A : 나 그거 가지고 놀고 싶어.

B : 나 계속할 거야.

A : 나두 할래.

B : (잠시 생각) 그럼, 내가 두 번만 하고 줄게.

A : (잠시 생각) 그래.

(5분 뒤)

B : 너 해.

A : 난 딴 거 할 거야.

B : 응.

다섯 살 아이 둘의 대화다. 지난 주말에 놀러 온 친구의 아이와 자기 아이 사이에 있었던 일이라고 워크숍 참여자 한 분이 들려주었다. 이렇게 아이들이 함께 논 덕에 아이 신경 안 쓰고 친구와 신나게 시간을 보냈다고 한다.

자신의 것을 잃지 않으면서 동시에 타인의 요구에 응답하며 평화를 유지하는 두 아이의 대화는 어른이 나눠야 할 대화의 모범으로 삼기에 손색없다.

어른인 우리는 언제 이런 대화법을 잃어버렸을까? 이런

대화법을 되찾을 수는 있을까? 되찾는 게 바람직할까? 무엇이 우리가 아이의 마음으로 돌아가는 걸 막고 있을까?

발가벗기

뭐든 새로움으로 나아가기 위해서는 발가벗는 걸로 시작해야 한다고 크리슈나무르티는 강조한다. 특히 자신이 쌓고 있다고 여기는 지식을 몽땅 버려야 한다고.

지식이란 자신을 보호하기 위한 갑옷에 불과하다. 기존의 지식으로 세상을 바라보고 개입하는 건 쉬운 길이다. 익숙하기 때문이다. 헌데 그런 태도는 새로움으로 나아가는 걸 막는 심대한 장애물이다.

새로움을 원하는가, 창조의 세계로 나아가고 싶은가? 그렇다면 발가벗어라. 알량한 지식과 경험의 옷 따위는 벗어 버리고 나서야 하리. 돈 미겔 루이스의 말처럼 "그 어떤 것에도 '나'를 개입시키지 않으면 어마어마한 양의 자유가 성큼 다가올 것이다."

계획은 깨지라고 있는 것

한때 세계 복싱 헤비급에서 적수를 찾을 수 없었던 복서 마이크 타이슨은 말했다.

누구나 계획을 세우고 경기에 들어서지만, 얼굴에 한방 맞으면 그건 흔적도 없이 사라진다.

복서는 상대의 약한 곳을 집중 공략하겠다는, 섬세하며 원대한 계획을 품고 링에 오른다. 가볍게 스텝을 밟으며 몸을 좌우로 흔들고, 잽과 스트레이트를 날리며 상대가 빈틈을 보이길 기다리고, 드디어 상대가 슬쩍 흘린 빈틈에 힘껏 훅을 날리려는 찰나, 상대의 주먹이 콧등을 강타한다.

그 순간 계획은 물거품이 된다. 계획이 사라진 자리에 남는 건 몸의 기억뿐이다. 누구의 몸에 새겨진 기억이 더 날카롭고 강력한지가 복싱 경기의 승패를 결정짓는다.

어디 링 위에서뿐이겠는가. 링 밖에서 사람과 사람이 만나는 경우에도 사정은 다르지 않다. 내가 듣고 싶은 말을 상대가 하지 않았을 때, 상대를 향한 비난의 마음이 올라온다. 그걸 알아차리지 못하고 어떤 말이나 행동을 한다면 상대는 그걸 귀신같이 알아차린다. 그리하여 내가 받을 건 또 다시 비난이다.

대화의 목적은 승패를 가르는 일이 아니다. 모두가 승자가 되는 길을 여는 게 대화의 목적이다. 그러려면 대화 전에 짜 두었던 계획을 대화 과정에선 잠시 내려놓는 게 상책이다. 《대화의 재발견》에서 윌리엄 아이작스는 말한다.

대화는 '의미의 자유로운 흐름'을 이끄는데, 이는 참여한 사람들의 힘의 관계를 변화시키는 잠재력을 갖고 있다. 이런 자유로운 흐름이 발생하면 어느 누구도 그것을 소유하거나 결정하지 못한다는 사실이 명백해진다.

링 위에서 그렇듯 링 밖의 대화에서도 계획은 깨지라고 있는 것이다.

말의 생태학

말과 마음과 몸은, 셋이면서 동시에 하나다. 고로 말에 대한 탐구는 마음과 몸에 대한 탐구로 이어지고, 마음이나 몸에 대한 탐구 역시 말에 대한 탐구로 이어진다. 말한다는 행위 또는 듣는다는 행위는, 마음의 작용이자 동시에 몸의 작동이기도 하다. 말, 마음, 몸 모두 전체 현실로 서로 이어져 있다.

똑같은 자극이 들어오더라도 몸과 마음이 평온한 상태라면 말이 부드럽게 나가고, 몸과 마음이 어딘가 아프고 어수선하면 말이 사납게 나가는 게 인지상정이다. 그 역도 마찬가지다. 즉 말을 순하고 부드럽게 하면 몸과 마음도 평온해지고, 말을 사납게 하면 몸과 마음도 아프고 어수선해진다. 말과 몸과 마음은 이렇게 우리네 삶을 엮어 가는 생태계를 이룬다.

침묵의 방

수피 격언에 이런 것이 있다.

　말이 입 밖으로 나오기 전,
　통과해야 할 문이 셋 있다.
　첫 번째 문, 스스로에게 물어라.
　'진실인가?'
　두 번째 문, 스스로에게 물어라.
　'필요한가?'
　세 번째 문, 스스로에게 물어라.
　'친절한가?'

별들이 가르쳐 준 말을 다른 이에게 하려면 우리 안에서 그 말이 자라야 하며, 그건 침묵에서 가능하다고 법정 스님은 말씀했다.

　침묵에서 자라난 말이 입 밖으로 나오려 할 때 진실의 문, 필요의 문, 친절의 문을 모두 통과하지 못한다면, 그 말은 침묵의 방으로 되돌아가야 하리.

희망이라는 장벽

알아줄 거라 믿었던 친구에게 깊은 속내를 털어놓았는데 기대했던 공감이나 수용을 받지 못하면 깊은 실망과 좌절을 경험한다.

그럴 때 가끔은 공격적으로 변해서 친구의 잘못을 찾는 데 골몰한다. 그렇게 꼬투리를 찾아서 한바탕 퍼붓는 데 성공하면 속이 시원해질까? 오히려 정반대다. 시원하기는커녕 속만 더 아파지고, 애초 소망하던 공감이나 수용과는 더 멀어진다. 악순환의 소용돌이에 빠져든다. 중간에 다른 친구라도 있어 분위기를 풀기 위해 노력하고, 이에 못 이기는 척 응하더라도 마음은 이미 상할 대로 상한 뒤다.

시간이 조금 지나면 이번에는 또 친구들에게 미안해지면서, 이 정도밖에 안 되는 자기 자신을 비난하기 시작한다. 두 번째 악순환의 소용돌이다. 여기에 말려들면, 이때까지 힘들여 쌓아 온 자존감이 온데간데없이 사라진다. 지옥이 따로 없다.

이 모든 소용돌이는 '알아줄 거라 믿었던' 나의 희망에서 출발한다. 그래서 벨터 벤야민이 "누군가를 알아 가는 유일한 길은 아무것도 바라지 않고 그를 사랑하는 것"이라고 말했나 보다. 때론 작은 희망조차 서로 사랑하는 데 장벽이 된다.

멈춤이 환대다

《모멸감》에서 김찬호는 안전한 관계의 시작은 '환대'라고 썼다. "나를 있는 그대로 받아들여 주는 사람들, 억지로 나를 증명할 필요가 없는 공간"이 있다면 "못난 모습을 드러낸다 해도 수치스럽지 않고, 다른 사람들이 그것을 가지고 뒷담화를" 할 것이라고 걱정할 필요가 없기 때문이다.

이런 물음이 내 안에 떠오른다. '그렇다면 어떻게 환대할 것인가? 환대는 어떤 말이나 행동으로 나타나는가?'

서클 대화 안내자로서 시간의 대부분을 보내는 내가 하는 환대의 행동이 있다. 모임 장소에 30분에서 1시간가량 일찍 도착해서 공간을 준비하는 것이다. 책상을 치우고, 의자를 동그라미 모양으로 배치하고, 센터피스를 찾아 동그라미 가운데에 놓고, 환기를 한다. 그러고 나서 잠시, 동그라미의 한 의자에 앉아 빈 의자들을 바라본다. 저 자리엔 과연 누가 앉을까? 오늘은 어떤 이야기가 흐를까? 호기심 어린 눈으로 둘레를 둘러본다.

더 중요하게 여기는 건, 환대하는 마음으로 깨어 있는 것이다. 그래서 타자와의 조우를 앞두고 잠깐 멈춰 의식을 전환하는 시간을 짧게라도 보낸다.

어제는 집에 돌아가 쉬고 싶은 마음이 간절했다. 그런데 막상 집에 당도하니 이웃들이 마당에서 여흥을 즐기고 있었다. 나는 마당에서 놀고 있는 이웃들과 인사를 나눈 뒤 잠시 나만의 시간을 보냈다. 내가 원하는 것, 불편하게 여겨지는 것, 몸과 감정의 상태를 점검했다. 그리고 기꺼이 이웃들과 어울리고 싶은지 내게 물었다. 휴식을 뒤로 미루더라도 어울리고 싶다는 작은 목소리가 들렸다. 그래서 어울렸다.

내게 환대는 멈춤이다.

'사랑하기'와 '사랑에 빠지기'

나이 들어 가며 조금씩 보이는 게 있다. '사랑하기(loving)'와 '사랑에 빠지기(fall in love)'를 식별하는 일이다.

사랑하기와 사랑에 빠지기의 근본적 차이는 당사자들이 '독립적이면서 동시에 상호의존적'인가 여부다. 파커 파머가 《비통한 자들을 위한 정치학》에서 강조했듯, 사랑에 빠지기는 당사자 사이의 독립이 확보되지 않기에 상대의 감정을 자신의 감정으로 착각하거나, 상대의 감정에 휘둘리는 감정적 노예 상태에 머무른다. 사랑하기는 없고 사랑에 빠지기만 한 사람들은 그야말로 사랑에 눈먼 열기와 황홀감, 또는 상대의 삶에 기여한다는 명분에서 나온 환상과 착각에 머무른다. 이들은 사랑이라는 환영에 중독되어 있으면서도 그걸 알아차리지 못한다.

이와 달리 사랑하기는 상대의 존재를 인정/수용하는 바탕에서 서로 이어진다. 사랑하는 사람들은 각자 경계를 지키면서도 둘 사이의 공간을 소중하게 여긴다. 그 공간에서 사랑의 씨앗을 뿌리고 함께 길러 꽃피운다. 독립적이면서 동시에 상호의존적인 관계를 일궈 간다. 이들의 사랑하기는, 온전히 본인의 자발적 선택에 바탕을 둔다. 어떤 강요

나 의무감도 작동하지 않는다. 늘 깨어 있으며, 자신의 말이나 행동이 상대에게 어떤 영향을 주는지를 알아차린다. 그런다고 자신의 필요나 가치를 포기하지는 않는다. 반복하지만, 자신의 경계를 지키면서 동시에 사랑의 꽃을 피우는 일도 게을리하지 않는다. 이들은 따로, 그리고 함께 간다.

이 두 가지 사랑을 식별하는 게 중요하다고 해서, 둘이 완전히 분리된다는 뜻은 아니다. 실제 삶에서 우리는 사랑에 빠지기와 사랑하기를 왔다 갔다 한다. 사랑하기가 이상적이고 우리가 지향하는 모습이긴 하지만, 사람이란 존재가 어디 그렇게 완벽하던가. 때론 실수하고 사랑에 눈멀어 허우적대기도 하지만, 우리는 다시 사랑하기를 선택할 수 있기에 희망을 품고 살아갈 수 있는 게 아닐까.

대화 습관이 달라진다는 것은

지금 여기의 '나'라는 존재는 무수한 인연의 고리로서만, 즉 관계 안에서만 있다. 무수한 인연 고리 중 어느 하나라도 다르게 존재·작동한다면 지금 여기의 나는 없다. 나는 관계로서만 있을 뿐, 고정 불변하는 실체로는 없다. 텅 빈 채로 충만하다.

그러므로 나란 있기도 하고 순간 없기도 하다. 있는 나를 의식할 때는 삶의 선택이 가능하고, 없는 나를 의식할 때는 우주적 연결 속의 충만한 삶이 가능하다.

커뮤니케이션이란 우주적 연결의 실현이고, 있기도 하고 없기도 한 존재들 사이의 관계 그 자체다. 우리는 함께 소통할(communicating with) 수밖에 없는 존재인 것이다. 그러므로 커뮤니케이션은 기술이 아니라 존재론이며 세계관이다. 바꿔 말하면 대화 습관이 나를 만든다는 뜻이다.

대화의 방식이 바뀌는 건, 존재 자체가 바뀌는 일이다.

프레임

프레임은 마중물이다.

《낯선 것과의 조우》에 나온 저 문장은, 그저 세상을 바라보는 틀 정도로 '프레임'을 이해하고 있던 내게 다른 프레임을 선물해 주었다. 마중물이란 펌프로 물을 길어 올리기 위해 펌프 안에 붓는 물을 일컫는다. 물을 얻기 위해 물이 필요하다는 얘긴데, 같은 원리를 프레임에 적용하면 다음과 같은 설명이 가능하다. (같은 책에 나온 문장이다.)

특정한 프레임을 갖고 나서야 그 프레임을 통해 세상을 볼 수 있다는 점은 분명 인간이 갖고 있는 중요한 한계다. 하지만 이러한 한계를 알아차리고 의도적으로 넘어서려고 노력할 수 있다는 점 또한 인간만이 가진 능력이다.

프레임을 기꺼이 수용하되 다시 그것을 넘어서기. 우리가 대화에 기대를 거는 건, 대화야말로 프레임을 수용하면서 그것을 넘어서는 행위 그 자체이기 때문 아닐까.

아이는 태도에서 배운다

콘텐츠는 전달되지 않는다. 태도만이 은근히 스밀 수 있을 따름이다. 어른들(부모든 교사든) 사이에 퍼져 있는 착각 중 하나는, 자기보다 나이 어린 사람에게 좋은 말을 하면 그게 그 어린 사람에게 도움이 될 거라는 믿음이다.

그러나 어린 사람(자녀든 학생이든)은 좋은 말을 듣는 게 아니라 좋아하는 사람의 말을 듣는다. 어린 사람이 누군가를 좋아하는 건 그의 말이나 행동이 이해와 존중에서 나오기 때문이지, 그가 좋은 말을 해서가 아니다.

비폭력 대화를 기반으로 부모 교육을 하는 인발 카스탄은 《자녀가 '싫어'라고 할 때》에서 '지배하는 힘'과 '협력하는 힘'을 설명하면서 다음과 같은 예를 든다.

다른 아이가 가지고 있는 장난감을 빼앗은 아이에게 "남의 것을 빼앗으면 안 된다!"라고 말하면서 부모가 장난감을 다시 빼앗는다면, 아이에게 힘을 가진 사람들이 빼앗는 것은 괜찮은 것이라고 가르치는 셈이 된다.

'남의 것을 빼앗으면 안 된다!'는 콘텐츠고, '부모가 장난감을 빼앗은 행위'는 태도다. 아이는 콘텐츠를 배울까, 태도를 배울까. 협력하는 힘을 지배하는 힘의 태도로 가르칠 순 없다.

어른에게 속는 아이들

어느 모임에서 한 선생님이 말씀했다.

"아이들과 마음 터놓고 이야기를 하려 해도, 아이들 마음이 열렸다가 금세 닫히곤 해요. 어떻게 하면 닫힌 아이들의 마음이 열릴 수 있을까요?"

질문 안에 이미 답이 담겨 있다는 말이 있다. 저렇게 고민하는 분은 이미 답을 알고 있을 것이다. 함께 고민해 보자고 하면서 평소 내 생각을 밝혔다.

"아이들이 마음을 열지 못하는 것은, 우리 어른들에게 어떤 말을 했을 때 그것이 온전히 받아들여지는 경험이 적기 때문 아닐까 싶습니다. 어릴 때부터 우리 아이들은 '이거 해라, 저거 해라.'라고 하는 어른들의 요구에서 자유롭지 않습니다. 자기가 하고 싶은 걸 하고 싶다고 말하면 어른들은 '그건 나중에 해.'라고 닦달합니다. 그런 환경에서 자란 아이들은 '내가 이 말을 해도 어른들은 듣지 않을 거야.' '말해 봐야 뭔 소용이야. 내 입만 아프지.' '지금은 저렇게 내 말을 들어주는 척하다가도 나중엔 결국 자기가 하고 싶은 얘기만 늘어놓을걸. 내가 한두 번 속아 봤나.' 이런 마음이 들 거예요."

아이들의 닫힌 마음을 어떻게 열 수 있을까? 모임에서는 어른인 우리 자신이 먼저 아이들 이야기를 듣는 걸로 시작하자고 말했다.

아이들에게 해 주고 싶은 이야기는 많겠지만 들을 준비가 안 된 친구들에게 백날 말해 봐야 그건 잔소리일 뿐이다. 그렇게 되면 어른과 아이의 관계는 단절되고 만다. 그걸 바라는 어른은 없을 것이다.

신념 넘어서기

대화를 가로막는 최대의 장애물은 신념이다. 그런데 아이러니하게도 신념은 대화를 추동하는 힘이기도 하다. 대화를 통해 나를 확장하고 상대를 이해할 수 있다는 신념이 대화를 추동하기 때문이다. 니체는 "신념은 감옥"이라고 말했지만, 우리는 신념 위에서 대화라는 춤을 함께 추면서 한 스텝 더 내딛어야 한다.

몸의 한계 밖에 있는 타자와의 대화는 물론이고 내 안에 있는 수많은 타자들과의 대화 또한 필수다. 그 대화를 통해 나를 지배하고 있는 것으로 보이는 신념들이 어디에서 온 것인지를 탐구해야 한다. 신념의 기원을 이해하는 것은 사람을 이해하는 데 반드시 필요한 조건이다.

'너 자신을 알라!'는 신탁은 그래서도 여전히 유효하다.

말의 무게

어느 워크숍 안내자가 당신 어머니 이야기를 들려주었다. 그의 어머니는 기름지지 않은 통닭, 특히 길거리에서 파는 장작구이 통닭을 간식으로 드시길 좋아한다. 그래서 그는 가끔 퇴근길에 어머니께 전화를 걸어 통닭을 사 갈지 말지를 여쭙는다. 그러면 어머니는 자주,

"괜찮다. 사 오지 마라."

라고 말씀하신다. 그런데 그 말을 곧이곧대로 듣고 빈손으로 들어가면, 어머니는 종종 아들의 손을 바라보며 서운한 표정을 다 못 숨기신다는 거다.

열 길 물속은 알아도 한 길 사람 속은 모른다는 옛말처럼, 사람들이 겉으로 하는 말과 깊숙이 숨겨 둔 속마음이 다른 경우가 많다. 통닭을 사 오지 말라는 어머니 말씀도 마찬가지다. 그 말씀엔 예순을 바라보는 아들이 여전히 못 미더운 팔순 노모의 걱정과 근심이 담겨 있다. 아들이 밥은 잘 먹고 다니는지, 용돈은 넉넉히 쓰고 있는지 따위의 걱정이 크기에 당신 좋아하는 통닭을 마다하신 거다.

그의 어머니 이야기를 들으며, 한편으론 그의 어머니가 살아온 역사가 떠올라 슬펐다. 일제 강점기에 태어나 한국

전쟁과 산업화, 민주화 시대를 온몸으로 겪으셨을 어머니다. 어머니의 근심 걱정 뒤엔 생존 자체를 보장받지 못한 세대의 두려움이 깊게 깔려 있다. 그 두려움에는 당신뿐 아니라 피붙이 아들의 생존에 대한 두려움도 함께 있다. 통닭을 사양한다는 그 한 마디에는 어머니가 경험한 수십 년의 역사가 두껍게 쌓여 있었다.

겉으로 표현된 언어에는 다양한 생각과 감정의 결, 짧게는 며칠 길게는 수십, 수백 년에 달하는 역사의 무게가 담겨 있다. 말의 무게가 무겁다.

우리는 모두 다른 걸 듣는다

남이 하는 이야기를 아무런 편견이나 선입견 없이 들을 수 있을까?

결론을 말하자면, 그럴 수 없다. 우리는 듣고 싶은 것 또는 자극하는 것을 듣도록 되어 있다. 관심과 경험에 따라 보이는 것과 들리는 것이 다르다. 뇌를 지니고 태어난 인간의 숙명이다.

서클 가운데에 향이 짙은 국화 다발이 놓여 있다. 그렇다면 서클에 모인 사람들은 모두 똑같은 국화를 보고 있는 걸까? 어떤 이는 짙은 국화 향에서 슬픈 죽음을 떠올릴 것이다. 그와 달리 어린 시절 동무들과 뛰놀던 가을 들판을 그리워하는 사람도 있을지 모른다. 또 어떤 이는 국화와 무관하게 서클 모임 뒤에 있을 또 다른 모임에서 자신이 맡은 일을 근심하고 있을지도 모른다.

관심과 경험과 믿음은 우리의 인지 과정에 영향을 준다. 그래서 듣는다는 건 타인의 말을 듣는 것인 동시에, 그 말이 불러일으킨 자기 안의 목소리를 듣는 일이다.

따라서 먼저 지켜볼 필요가 있다. 타인의 말과 내 안의 말을 함께 말이다. 쉽지 않은 일이다. 우리는 지켜보는 대신 섣

불리 개입하고 판단하고 조종하려는 습관에 들어 있기 때문이다. 누군가의 말을 자신에 대한 공격으로 여겨 방어 태세를 취하고, 때론 자신의 존재를 증명하기 위해 상대의 말을 가로막고 자기 말만 퍼붓기도 한다.

이런 습관을 바꾸는 데는 시간과 노력이 든다. 나의 노력은 세 단계로 진행된다. 첫째 단계, 나의 선입견과 편견을 개입시키지 않고 들으려 노력하기. 둘째 단계, 내 안에서 들려오는 소리를 집중해서 듣기. 마지막 단계, 이 둘을 동시에 들으면서 지켜보기. 마지막 단계에선 상대의 감정, 생각, 의견, 사유의 토대, 그리고 나의 그것들이 어우러져 춤추며 어디로 가는지를 즐긴다.

진실의 조각

간디는 말한다.

　누구든 진실의 한 조각쯤은 지니고 있기 마련이다.

경청은 각자가 지닌 진실에 귀 기울이는 일이다. 경청하는 사람은 자신의 진실을 놓치지 않으면서도 동시에 타자의 진실과 연결을 시도한다.

　진실을 찾아가는 첫발은, 자신만이 진실을 알고 있다는 태도와 거리를 둘 때 비로소 떼어진다. 마지막 발 또한 마찬가지다. 다만 우리는 진실을 추구할 뿐이다. 그 과정에서 진실이 있느냐 없느냐는 중요하지 않을 수도 있다. 자신의 진실에 묶여 있느냐 아니냐가 어쩌면 더 근본 문제다.

　진실은 고정되어 어디에 있지 않다. 추구하는 자의 위치에 따라 유동한다. 관찰자의 개입에 따라, 빛이 입자로 또는 파동으로 드러나듯이.

3분 동안의 침묵

대화 훈련에서 3분간 침묵하며 듣기 훈련을 하곤 한다. 저항 없이 있는 그대로 듣는 연습이야말로 본격 대화 훈련에 들어가기에 앞선 최고의 워밍업이다. 아니 어쩌면 대화의 최종 목적지다.

3분 듣기는 수용 에너지를 키우기에 적합한 훈련이다. 종종 침묵으로 듣는 일을 상대의 의견에 무조건 동의하는 걸로 여기는 사람들이 있다. 하지만 동의/부동의는 이 단계에서 이슈가 아니다. 존재 자체를 수용한 연후에야 의견의 다름이 다양성으로 꽃필 수 있기 때문이다. 사람들 사이의 섬에 닻을 내려야 비로소 대화의 기반이 만들어진다.

어떤 사람의 의견이 곧 그 사람은 아니다. 사람 그 자체와 의견을 분리시키지 못할 때 긴장과 갈등은 증폭된다. 내가 중요하게 생각하는 가치를 담지 않은 언행을 한다 해도, 그 역시 나처럼 존엄한 인간이라는 걸 자각할 수 있다면 불필요한 긴장과 갈등을 겪지 않고도 서로가 원하는 지점으로 나아갈 가능성이 열린다.

3분간 침묵하며 상대의 이야기를 듣는 훈련은 그 사람 자체와 그 사람의 의견, 이야기, 열망, 비전, 꿈을 식별할 수 있도록 돕는다. 하루에 3분만, 그가 누구든, 그를 존재 그 자체로 들어줄 수 있다면 그에게는 물론 나 자신에게도 커다란 선물이 될 것이다. 상대는 깊은 공감을 받을 것이며, 무엇보다 내 마음 안에 상대를 수용할 여백이 생겨 평화 그 자체를 경험할 수 있기 때문이다.

듣는다는 것은

누군가의 이야기를 몰입하여 들을 때, 나는 그와 하나가 된다. 그러다가 나로 돌아올 때 우리는 다시 둘이 된다. 하나였다가 둘이 되고, 그랬다가 다시 하나가 되는 과정이 대화다.

대화는 둘이 함께 추는 춤이다. 슬쩍 밀었다가 확 당기기도 하고, 숨 가쁜 스텝을 밟다가 차분히 정리하는 그런 춤.

그리고 듣기는 《서클의 힘》에서 크리스티나 볼드윈과 앤 리니아가 말했듯 "즉시 반응하지 않고 깊이 탐구하는 태도를 갖게 하는 일종의 영적 수행"이기도 하다. 모든 영적 수행의 본류는 스스로 설정한 '자아(ego)'를 넘어서는 일이다. '무아'라 하든 '신과의 합일'이라 하든, 그건 자아를 초월해 타자와 이어지는 일이다. 깊이 듣기를 통해 우리는 자아의 경계를 넘어 타자를 경유해 우주에 접속하고 참여한다.

"자신의 경계를 지키면서 동시에
사랑의 꽃 피우기를 게을리하지 않는다."

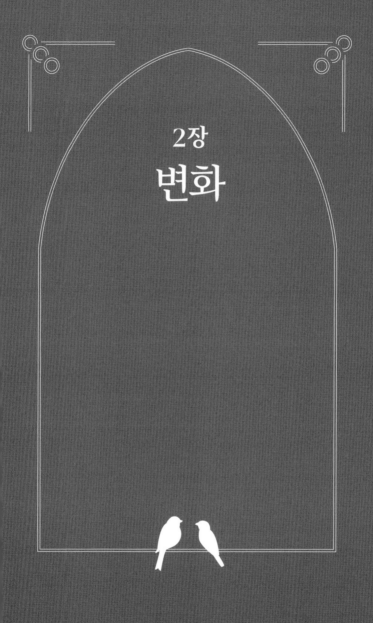

2장

변화

코끼리는 말해야 해

'방 안의 코끼리'가 누군가의 입을 거쳐 테이블에 올라왔을 때, 공동체 구성원 각자의 디폴트(습관/관행)가 날것 그대로 드러난다. 그때 각자의 디폴트가 말해지지 않거나, 이해되지 않거나, 무시되거나, 배려받지 못하면 마음에 상처가 남는다. 그래서 섬세한 소통의 기술이 필요하다.

방 안의 코끼리는, 공동체 안에 숨겨진 진실이다. 누구나 알고 있지만 누구도 언급하지 않는 공동체의 진실이다. 이를 언급하는 일에는 커다란 용기가 필요하다. 상처를 각오해야 하며, 심한 경우 공동체로부터의 '배제'라는 후과가 돌아오기도 한다.

성숙한 공동체는 누군가 이 코끼리를 입에 올렸을 때 환대와 감사로 수용한다. 하지만 이제 막 형성되기 시작하여 아직 구성원 간에 신뢰와 존중의 문화가 자리 잡지 못한 공동체에선, 코끼리가 언급되는 순간 디폴트끼리 충돌하여 갈등이 생겨난다.

이 갈등은 피할 일이 아니다. 공동체는 갈등을 먹고 자라기 때문이다. 관건은 공동체가 갈등을 어떻게 소화하느냐다. 그에 따라 갈등은 약이 될 수도 독이 될 수도 있다. 갈

등이 독으로 소화되면 공동체는 죽음의 길로 접어들고, 약
으로 소화되면 공동체는 상처를 치유하고 한 단계 비약하
는 경험을 한다. 구성원 각자의 의식이 확장되고 관계가 깊
어진다.

방 안의 코끼리는 표현되고 소통되지 않는 한 없앨 수 없
다. 진단은 표현과 소통을 통해 완성된다. 그러고 나서 각
자의 디폴트가 해체되어 다시 연결되고 탈바꿈해야 앞날을
설계할 수 있다.

변화를 위한 듣기

보기는 지식을 키우고, 듣기는 지혜를 키운다고 한다. 인간에겐 지식과 지혜 둘 다 필요하다. 지식이 이론이나 논리 등 인간의 이성에 초점을 둔 앎이라면, 지혜는 감성과 직관 등 인간의 영성에 초점을 둔 앎이다. 앎이라고 말할 때는 이 두 영역 모두를 어우른다. 지식과 지혜는 따로 또 함께 있으면서 서로에게 영향을 준다. 지식 없는 지혜는 공허하고 지혜 없는 지식은 맹목이다.

말하기는 지금까지 아는 범위 내에서 이루어진다. 자신의 경험, 이론 그리고 직관에 따라 수행되는 행위가 말하기다. 말하기는 여태까지 살면서 축적되고 형성된 지식과 지혜가 모두 동원되는 삶의 한 측면이다.

듣기는 본인이 모르는 범위, 미지의 세계로의 초대다. 제대로 깊이 들으려면, 자신의 경험이나 이론 심지어 직관까지도 무용지물이다. 이제까지의 앎을 포기할 때 비로소 들을 수 있다.

자신의 앎을 철저하게 포기하고 상대의 이야기에 귀 기울일 때 비로소 들린다. 어떤 판단이나 직관조차 듣기의 방해물이다. 이렇게 들을 때, 어제의 앎이 오늘의 앎으로 재구성된다. 지식과 지혜가 증장된다. 앎을 포기할 때 비로소 앎이 형성된다. 마크 네포는 앎의 이런 역설을 부드럽고 명료하게 드러낸다. "듣는다는 건, 부드럽게 기대는 거예요. 들은 것으로 변할 수 있다는 의지를 품고서."

마크 네포는 앎의 포기에서 한 걸음 더 나아간다. 변할 수 있다는 의지를 품는 것. 적극적이고 능동적으로 변하고자 하지 않는다면 듣는 게 아니라는 말이다. 변화를 포함하지 않는 듣기를 우리는 흔히 '영혼 없이' 또는 '귓등으로' 듣는다고 일컫는다. 변화는 앎의 변화와 함께 삶의 변화로 나아갈 때 비로소 완성된다. 머리에서 가슴으로 그리고 손발로 나아가는 변화의 출발은 듣기다.

분노가 말해 주는 것

비폭력 대화를 세상에 알린 마셜 B. 로젠버그는 "분노야말로 당신의 바람과 가치를 이해하도록 돕는 놀라운 모닝콜이 될 수 있다."며 분노를 자기 이해를 위한 수단으로 활용하자고 제안한다.

분노는 그 안에 다양한 감정과 생각을 품고 있는 에너지 덩어리다. 서운하거나 외롭거나 슬프거나 답답하거나 하는 감정은 물론, '저 녀석이 나를 무시해.' '난 배신당했어.'와 같은 생각도 품고 있다.

각각의 감정과 생각의 결을 세심하게 뜯어보면, 그 뒤에 숨은 자신의 바람과 가치를 알아차리는 데에 도움이 된다. 외롭다면 공감과 친밀함이 부족하다는 뜻이고, 배신당했다는 생각이 든다면 신뢰와 공동체가 무엇보다 절실한 것이다.

하지만 분노가 저절로 바람과 가치를 이해하도록 돕는 모닝콜이 되는 건 아니다. 의식적으로 반응을 선택하는 스스로의 노력이 필요하다. 무의식적이고 습관적인 분노 표출은 모닝콜이 아니다. 그건 자신이 자동으로 조종되는 로봇이라는 증거일 따름이다.

의식적 선택의 첫 단계는 멈춤이다. 분노를 모닝콜로 전환하는 연금술에는 약간의 절차와 훈련이 필요한데, 나는 그 모든 절차와 훈련의 알파와 오메가가 멈춤이라는 걸 경험을 통해 깨달았다.

멈추고 멈추고 또 멈춰라. 참을 인(忍) 자 셋이면 살인을 면한다는 옛말을 깊이 묵상하라.

두려움

누구나 자비와 사랑으로 살고 싶다. 그게 자기도 편하고 상대도 편하다는 걸 몸과 마음으로 알기 때문이다. 그런데 그게 생각만큼 잘 안 된다. 어떤 자극, 특히 듣기 싫은 말을 들으면 반사적으로 욱하는 마음이 올라오고, 그걸 표현해도 후회, 안 해도 후회다.

어디서 꼬인 걸까?

장벽은 두려움이다. 흔히 증오라고 생각하지만, 실은 두려움이다.

간디는 그게 두려움이라고 말한다. 저 사람을 미워한다고 생각하지만 실은 무서워하고 있다는 뜻이다. 미움이 두려움을 가리고 있을 뿐.

장벽을 뛰어넘는 길은 그 두려움을 있는 그대로 보고, 인정하고, 수용하고, 말하고 듣는 수밖에 다른 길이 없다. 눈을 가린다고, 외면한다고, 마음 깊은 곳에 도사리고 있는 두려움이 사라지지는 않는다. 오히려 보지 않거나, 보더라도 다른 걸 보거나, 부정하고 부인하거나, 말하고 듣지 않으면 두려움은 우리를 괴물로 만들 수도 있다. 다스려지지 않은 것은 끊임없이 자라난다.

그건 안 돼

애써 숨기고 싶었던 이야기가 상대의 입을 통해 거침없이
튀어나왔을 때, 감정은 길을 잘못 들기도 한다.

얼마 전 새로운 프로젝트를 출발하는 모임이 있었다. 그
프로젝트에 대해 내 안엔 다양한 감정과 생각의 흐름이 공
존했다. 잘되면 좋겠다는 기대, 챙겨야 할 체크 리스트, 물
론 잘 안 될 가능성도 있다는 우려도 함께. 그런데 모임 중에
"그건 안 돼!"라는 말이 나왔다.

그 말을 들었을 때, 가면 뒤에 숨은 정체를 들킨 기분이었
다. 내심 "잘될 거야!"란 말로 실패에 대한 불안을 누르고 있
었기 때문이다. 처음엔 당혹스러웠지만 이내 화가 났다. 감
정이 그렇게 바뀌는 데는 한순간도 걸리지 않았다. 나는 그
말을 한 이에게 화를 뭉텅이로 쏟아 냈다.

돌아보면, 실패에 대한 이야기는 내 화를 당기는 방아쇠
가 될 수도 있었고 안 될 수도 있었다. 화의 근원은 프로젝
트 실패를 두려워하는 나의 불안이었기 때문이다. 내가 쏟
아 낸 화는 보살펴지지 않던 내면의 목소리들이 자기를 봐
달라고 지르는 아우성이었다.

보살펴지지 않은 내면의 목소리는 외부 자극을 받으면

어떤 형태로든 분출되기 마련이다. 그런 식의 분출은 대개 좋지 않은 결말로 이어진다. 내 경우엔 주로 화로 폭발한다. 그럴 때 상대방은 영문을 몰라 어이없어하고, 관계는 잠시 또는 오래 끊어지기도 한다. 그 뒤를 따르는 건 자책과 무기력이다. '내가 이 정도밖에 안 되는 사람이었나.' '그러면 그렇지, 사람이 쉬 바뀌나.' '자기 하나 제대로 다스리지 못하면서 무슨 세상을 구한다고 사람들 앞에서 떠들고 다니기는.' '넌 안 돼!' 같은 생각들이 나를 지배한다.

이런 일이 소위 '대화 전문가'인 나의 일상 속에서 잊을 만하면 한 번씩 일어난다. 내 속의 여린 면들이 이제 한번 만날 때가 되었다고 메시지를 보낸다.

너는 어느 편이냐

"너는 어느 편이냐?"

이 질문은 한 인간의 영혼을 파괴할 수도 있다.

젊은 시절, 시국 사건으로 구속되어 구치소에 있을 때 검사가 내 앞에 준법서약서 한 장을 내밀었다. 사인만 하면 내보내 주겠다는 말과 함께. 속으로 갈등하긴 했지만 그까짓 종이 한 장에 내 신념이 바뀌지 않는다는 호기로 써 주고 나왔다.

커다란 오산이었다. 그건 그냥 종이 한 장이 아니었다. 출소 후 함께 일하던 동료들은 끊임없이 물었다. "넌 도대체 어느 편이야?" 내 안에서도 그 질문은 끊임없이 올라왔다. '나는 어느 편일까?' 결국 나는 동료들과 헤어지는 것으로 그 질문에 답을 했다. 그리고 그 일은 여전히 나를 괴롭히는 깊은 상처로 영혼에 남아 있다.

경험에 비춰 보면, 어느 편이냐고 묻는 질문을 마음속에 품게 되었을 때 그 질문의 프레임 바깥에서 사고하고 행동하기란 쉽지 않다. 무엇보다도 프레임 밖으로 한 발짝 옮길 때에 내 안에서 똑같은 질문이 올라오기 때문이며, 또한 믿었던 동료들로부터도 유사한 질문이 쏟아지기 때문이다.

"당신은 ○○과 함께 일하잖아요." "그쪽 사람들은 부패 집단인데 어떻게 당신이 거기에 있는지 모르겠어요." "당신은 신념을 버렸나요?" 등등.

그럴 때마다 마음에선 폭풍우가 친다. 아문 듯 보였던, 25년 전 검사의 회유와 거기에 넘어가 버린 나 자신에 대한 원망과 죄책감과 절망이라는 상처가 다시 벌어지면서 가슴에 피가 흐른다.

다름을 위한 기도

크리슈나무르티는 말했다. "자연은 완벽하게 독특한 개인을 창조하기 바쁜 반면, 문명은 모두가 순응해야만 하는 단 하나의 틀을 발명해 오고 있다."라고.

이 문장을 만난 순간, 가슴 한구석이 쿵 내려앉는 듯하기도 했고 뒤통수를 한 방 얻어맞은 듯하기도 했다. 그 느낌을 소화하는 데 시간이 필요했다. '이 느낌의 출처는 어디일까, 이 느낌을 통해 우주는 내게 어떤 말을 걸어오려는 걸까?'

어렴풋 두 갈래의 신호가 읽힌다. 하나는 어린 시절의 상처와 그로 인한 고통이고, 다른 하나는 지금 우리 공동체가 그 상처와 고통을 대물림하며 확대 재생산하고 있다는 자각에서 오는 미안함과 안타까움이다.

'단 하나의 틀'에 맞추기 위해 그동안 내가 쏟아 온 비열과 비굴과 열등감이 온몸을 휩쓸고 지나간다. 옳고 그름의 이분법 아래 나의 옳음을 강변하고 타자의 그름을 지적하는 일만이 나의 존재가 증명되는 방식이라고 믿고 살아온 시간에 대한 후회와 그 안에서 아슬아슬 삶을 유지해 온 나를 향한 연민에 눈가가 시큰하다.

돈 없으면 밥 먹지 말라는 이야기를 들었을 그 아이의 영혼을 떠올리니 마음이 미어진다. 자식 뼛조각 하나, 머리카락 한 올이라도 만져 보고 싶다 울부짖는 부모를 다시 거리로 내몰 수밖에 없는 이 공동체의 비정함에 다시 눈물이 솟는다. 하나의 틀을 고집하는 문명의 해코지에 속수무책 당하며 고통을 끊임없이 되풀이하는 이 시절이 원망스럽다.[*]

고양이를 키워 보면 안다. 같은 배에서 나온 녀석들이라도 하나하나 성격이 다르고, 야옹 하고 우는 목소리 또한 제각각이다. 자연이 길러 내는 그 독특성이 경이롭다.

사람 또한 그러할진대, 나의 독특성을 기억하지 못하고 문명의 틀에 맞춰 살아온 대가가 크다. 나의 독특성을 인정하고 수용할 때 타자 또한 나처럼 독특한 존재라는 걸 온몸으로 받아들일 수 있다. 그때 비로소 대물림되는 고통을 끊어 낼 단초가 마련된다.

그저 기도할 뿐이다. 자연의 창조 질서와 함께하겠노라 언약할 따름이다.

---

[*]   세월호 침몰의 원인과 책임자 처벌을 요구하는 부모들을 보며 느낀 감정이다.

선과 악

리처드 J. 번스타인은 책 《악의 남용》에서 출간 목적을 "자신의 확신과 진지한 신념의 깊이를 단언하는 것만으로 객관적인 확실성을 정당화하기에 충분하다고 생각하는" 멘탈리티를 비판하기 위함이라고 밝혔다. 비판의 바탕은 실용주의적 가류주의(pragmatic fallibilism)* 다.

'이론은 연장통'이라는 말이 있다. 연장은 우리에게 세상에 개입할 수단을 제공한다. 망치는 못을 박거나 뺄 수 있도록, 톱은 나무를 자를 수 있도록 해 준다. 그렇다면 '실용주의적 가류주의'라는 연장은 무엇을 할 수 있도록 해 줄까?

우선은 내 몸과 마음이 확신에 차서 작동하는 습관을 해체하는 데 도움을 줄 것이다. 내 생각과 행동에 오류가 있을 거라는 화두를 늘 들고 다니면서, 의식적으로 한 숨 멈추게 될 테니까.

---

*　번스타인은, 정치에서 절대성에 호소하는 것에 의문을 제기하고, 주관적인 도덕적 확신과 객관적인 도덕적 확실성을 혼동하지 말아야 한다고 주장하며, 악의 세력과 선의 세력으로 양분하는 무비판적이고 경직된 이분법을 의심하는 태도를 실용주의적 가류주의라고 부른다.

그다음엔 우리의 공동체적 삶의 관행에 뿌리 깊게 박혀 있는 이분법을 해체하면서 동시에 자유롭고 유연한 멘탈리티 문화를 일구는 연장이 되어 줄 것이다. 같은 책에서 번스타인은 묻는다.

우리는 적에게 '악하다는 이름을 갖다 붙이면서 무엇을 말하고 있는 것인가? 그리고 정확히 누가 우리의 적인가?

비극적 결말로 이어진 LA 총기난사 사건이 벌어지자마자 트럼프는 그 행위가 '순수 악'의 소행이고 자신들은 절대 '물러서지 않겠다'며 전의를 불태웠다. 총기 난동자에게 '악'이라 이름 붙이면서 그가 말하는 것은 무엇일까?

상대에게 '악'이라는 꼬리표를 붙이는 행위는 복잡한 층위의 실체를 단순화하여 질문을 봉쇄하고 자유로운 사유 운동을 정지시킨다. 그리고 한나 아렌트가 이야기한 '생각하지 않는' 인간을 양산한다. 전체주의의 토대는 그렇게 마련된다.

비난의 한계

비난은 순간의 카타르시스를 자아낸다. 하지만 자칫 손쉬운 자기만족으로 그치기 쉽다. 비난은 본인이 불의라고 여기는 것에 대한 습관적인 반응인데, 과거에 발을 딛고 있는 이런 습관적인 반응은 기존의 관계와 관습을 바꾸지 못하기 때문이다. 개인이든 사회든, 변화는 과거에 딛고 있던 디딤돌에서 미래의 디딤돌로 발을 옮겼을 때 비로소 나타난다.

고등학생 때까지 교회는 내 삶의 일부였다. 친구와 사귀는 공간이었고, 첫사랑의 달콤함과 쓰라림을 맛본 곳도 교회다. 거기서 우린 노래 부르고 시를 읊었다. 함께 책을 읽으며 상상의 나래를 펼쳤다. 평생 교회에 살고 싶어 한땐 신학대 진학을 진지하게 고민하기도 했다.

그러던 어느 날, 깊은 우정을 쌓으며 지내던 전도사가 사라져 버렸다. 펄 벅의 《대지》를 함께 읽고, 관악산이나 덕수궁으로 우리를 이끌던 분이다. 형이 없는 나는 그를 친형처럼 따랐다. 그러던 그가 떠난다는 말도 없이 사라졌다. 그때의 배신감과 황망함이란……. 내 안에는 어느 날 문득 사랑하는 사람이 없어질지도 모른다는 두려움이 자리 잡았고, 그 두려움은 이후 나의 인간관계에 깊은 상흔을 남겼다.

담임목사가 젊은이들의 활동을 못마땅하게 여기고서 전도사를 축출했다는 사실을 알았을 때의 분노와 허탈감은 결국 나를 교회 밖으로 내몰았다. 교회에 소원해지는 데는, 대학 입학 후 겪은 아스팔트와 최루탄의 경험도 한몫을 했다. 불의한 현실에 침묵하는 교회의 위선을 더는 두고 볼 수 없었으니까.

나중에 들은 소식으론, 그 교회에서는 일찍이 부자세습이 이루어졌다. 아들이 인수한 교회는 이름까지 바꾸어 완벽하게 세탁되어 운영되고 있다 했다. 어린 시절 기억 속의 교회는 이름까지 완전히 사라져 버렸다. 나는 돌아가려 해도 돌아갈 곳이 없는 탕아가 되어 버렸다.

가끔 스스로 되묻는다. 마음을 나누던 전도사가 사라진 까닭이 젊은이들의 활동을 못마땅해하던 담임목사의 전횡이라는 걸 알았을 때, 비난에 그치지 않고 내면의 열망에 접속해 그 열망을 실현할 구체적 행동으로 나아갔더라면 내 삶의 궤적이 어떻게 그려졌을까? 이런 생각이 부질없는 짓이란 건 안다. 그럼에도 그리해 보는 건, 습관적 반응이 아니라 의식적 선택만이 나와 세상을 바꿀 수 있다는 걸 잊지 않기 위해서다.

관점 선택

인간은 사건 그 자체가 아니라 그것을 바라보는 관점에 의해 고통받는다. 어떤 상황이 우리를 무력하게 하는 것이 아니라, 그 상황을 바라보는 관점이 우리를 무력하게 만들 수도 있고 힘을 북돋을 수도 있다.

불교에는 '두 번째 화살'을 피하라는 가르침이 있다. 고통을 일으키는 사건, 상황, 맥락, 생각 따위는 늘 일어나기 마련이니, 자기 의지와는 상관없이 일어나 버린 첫 번째 고통을 만났을 때 거기서 그치라는 뜻이다. 좀 더 상세히 설명하면 첫 번째 고통에 잘못된 방식으로 대응하여 스스로 마음에 두 번째 고통의 불을 댕기지 말라는 안내인데, 맨 처음 자신에게 닥친 고통스런 상황을 있는 그대로 수용한다면 상황에 더 이상 끌려 다니지 않을 수 있다.

이 가르침을 존 카밧진은 이렇게 표현한다.

파도를 멈추게 할 수는 없어요. 허나 파도타기를 배울 순 있죠.

파도가 치는 건 우리 힘으로 어찌해 볼 수 없는 일이다. 따라서 파도를 멈추게 하려는 시도는 어리석다. 파도는 저대로 치도록 놔둬야 한다. 우리의 노력은 우리가 할 수 있는 일을 찾아 그것을 하는 쪽으로 집중되어야 한다. 어렵기는 하겠지만 파도타기는 할 수 있고, 배울 수 있다.

마셜 B. 로젠버그가 말했듯 어떤 상황이 벌어졌을 때 "바라보는 방법을 선택하는 일은, 그 상황을 변화시키는 힘을 갖느냐 못 갖느냐 혹은 그 상황을 악화시키느냐 아니냐를 결정하는 데에 결정적인 영향을" 준다.

선택의 힘

Before every act there is an intention, though
often it's unconscious. We can mindfully choose
a new intention.

잭 콘필드의 저 문장을 우리말로 옮기려다가 intention이
라는 단어에서 멈춰 섰다. 보통은 '의도'로 번역되는데, 이 말
의 의미가 때때로 명료하게 이해되지 않아서다.

케임브리지 영영사전을 들춰 보니 intention은 "원하거
나 계획하는 어떤 것"이라고 풀이되어 있었다. 표준국어대
사전에서는 의도를 "무엇을 하고자 하는 생각이나 계획. 또
는 무엇을 하려고 꾀함. '본뜻'으로 순화."라고 풀었다. 한자
로 의도는 '뜻'을 뜻하는 의(意)와 '그림'을 뜻하는 도(圖)로 짜
여 있다. '뜻 그림'이라, 어쩐지 단어의 그림이 그려지는 듯
하다.

내친김에 영어 어원도 살펴봤다. intention은 동사
intend의 명사형이다. intend는 'in+tend'로, in은 toward,
tend는 stretch를 뜻한다. 무언가를 '향해(toward)' 쭉 '뻗는
다(stretch)'는 뜻이다. 이 말이 목적이나 계획을 마음에 품

67

는다는 뜻으로 사용된 건 14세기 후반에 이르러서였다고 한다.

지금까지 살핀 내용을 내 나름대로 종합하면, intention 은 속마음 깊숙한 곳에 품은 본뜻이자 그것을 구현해 나갈 일련의 계획 또는 그림 모두를 담고 있는 단어다. 그리하여 내가 선택한 번역어는 돌고 돌아 결국 '의도'가 되었다.

행위에 앞서 의도가 있습니다. 의도가 늘 의식되는 건 아니지요. 마음살피기를 통해 새로운 의도를 선택할 수 있습니다.

의도를 모르고 하는 말이나 행동과, 의도를 자각하고 하는 말이나 행동은 하늘과 땅만큼이나 거리가 멀다. 전자는 외부의 반응에 습관적이고 기계적으로 반응한다. 후자는 외부의 반응을 자각하면서 내면의 공간을 경유해 반응을 의식적으로 선택한다. 전자에는 비교적 빠르며 에너지 소모가 적다는 장점이 있는 반면, 배움과 성장에 필요한 피드백이 불가능하다는 단점이 있다. 후자에는 상대적으로 시간이 더 걸리고 에너지 소모가 크다는 단점이 있지만, 배움과 성장을 돕는 피드백이 가능하다는 장점이 있다.

우리는 모두 자기의 생각에 대해 생각할 수 있는 자질을 타고났다. 지금 인류를 호모 사피엔스 사피엔스라 부르는 건 이 능력 때문이다. ('사피엔스'란 '생각함'을 뜻하고, 이것이 둘 붙었다는 건 '생각함을 생각한다'는 말이다.) 의도를 자각하는 건 이러한 인류의 종 특성을 여실히 발휘하는 일이다.

절벽 오르기

'스스로 돕기'와 '서로 돕기'가 개념으로는 구분되는 듯하지만, 실상을 보면 이 둘은 동시에 일어난다. 마치 말하기와 듣기가 개념으로는 구분되지만 실제로는 함께 일어나는 것처럼.

비행기를 타면 승무원이 사고에 대비해 간단한 대처 요령을 알려 준다. 비상구 위치와 구명조끼 착용법 따위가 그것이다. 그 가운데 비상착륙 시 좌석 위에서 내려오는 산소 호흡기 사용법이 흥미롭다. 아이를 동반했을 경우, 보호자는 위에서 내려오는 산소 호흡기를 아이에게 먼저 씌워야 할까, 아니면 자신이 먼저 써야 할까? 대처 요령에 따르면 보호자가 먼저다. 자기 보호가 된 보호자만이 아이를 도울 수 있기 때문이다.

조셉 오코너와 존 시모어가 쓴 《NLP 입문》속 이야기도 떠오른다. 두 명이 한 조가 되어 같은 로프로 몸을 묶고 절벽을 오르는 장면을 상상해 보자. 이때 한 사람이 손을 놓치고 절벽 밑으로 떨어지면 어떻게 될까? 다른 한 사람도 위험에 처하게 되는 것은 물론이고, 최악의 경우 둘 모두 절벽 아래로 떨어질 수도 있다. 이런 상황에서는 스스로 돕는 게 서로 돕는 일이고, 서로 돕는 게 스스로 돕는 일이다.

이렇듯 스스로 돕기와 서로 돕기는 개념으로만 구분될 뿐 실제에서는 같은 행위다. 공동체의 안녕을 위해 하는 일은 결국 자신을 위하는 일이다. 나와 너 그리고 우리라는 건 인간이 만들어 놓은 개념에 불과할 뿐, 실제로는 모두가 서로 이어져 존재한다.

기쁨만 추구하는 공동체

며칠간 죽을 듯이 아팠다. 그러다 반짝 정신이 드는 순간이 있었다. 그때, 책꽂이에 오래 묵혀 두었던 장일순 선생 문집 《나락 한 알 속의 우주》와 만났다.

선생은 아픔도 기쁨도 함께 나눈다는 뜻을 지닌 동고동락(同苦同樂), 네 글자를 내밀었다. 그러면서 공동체 안에서 '동락'만 추구하는 세태를 비판했다.

몸의 고통이든 마음의 고통이든 공동체의 고통이든, 그것은 우리 몸과 마음과 공동체로 날아든 모종의 신호다. 뭔가 변해야 한다고, 시스템이 작동하고 있지 않으니 고개를 숙여 살피고 돌보라고 고통이 말하는 것이다. 그런데 공동체가 고통을 돌보지 않고 동락만을 추구한다면? 그런 공동체는 서서히 온도가 올라가는 냄비 안의 개구리 신세가 되어 버릴지도 모른다.

동고를 빼놓고 동락만 추구하는 쪽으로 가다 보면, 공동체 안에서 갈등이 발생했을 때 그것을 도려내는 방식으로 대응할 가능성이 높다. 공동체 안에서 갈등 요인을 격리하고 처벌하고 추방하는 것이다.

하지만 공동체 안에 동고가 없길 바라는 건, 달리 표현해 공동체에 내가 미워하고 싫어하는 사람이 없길 기대하는 건, 나 자신이 무결점인 사람이 되길 바라는 것만큼이나 허망하다. 내가 싫어하는 내 모습을 없애기만 하면 내가 완벽해질 것 같지만 하나가 수그러들면 다른 게 튀어나오며, 잠시 수그러들었다고 완전히 없어지는 것도 아님을 나는 그간의 경험을 통해 알 수 있었다. 마찬가지로 내가 미워하는 사람이 공동체에서 사라지면 평화가 찾아올 것 같지만, 그가 가더라도 시간이 지나면 그보다 더 많이 부딪히는 사람이 나타나기 마련이다.

따라서 공동체로 산다는 건, 내가 미워하고 싫어하고 심지어 증오하는 사람들과 어떻게 관계를 맺고 살아가느냐를 끊임없이 실습하는 과정이다. '동고'는 내가 미워하는 사람, 그리고 나를 미워하는 사람들과 함께 있다는 뜻이다. 외면하거나 회피하지 않으면서 고통을 나누고, 그 고통이 의미하는 바가 무엇인지를 성찰하고 대화하며 모두 함께 나아간다는 뜻이다.

우리 문화에서는 동고동락이라 했고, 예수는 우는 자 옆에서 함께 울라고 했다. 나를 사랑하지 않으면 남도 사랑할 수 없다는 흔한 경구는, 자기 안의 여러 모습을 인정하고 수용하여 자기 자신과 화해할 때 비로소 타인도 진심으로 받아들일 수 있다는 뜻이다. 평화란 받아들여 함께함이다.

내려놓는 용기

며칠째 머릿속을 둥둥 떠다니는 물음 하나로 마음이 뒤숭숭하다. 지인의 딸이 자기 엄마에게 건넸다는 물음이 불러온 일이다. "그래서, 엄마는 어떤 공동체를 만들고 싶은 건데?"

공동체 내의 갈등을 다루는 방법과 관련해 둘 사이에 의견 충돌이 있었고, 의견을 나누는 과정에서 튀어나온 저 물음 앞에서 지인은 멈칫했다고 한다. 그리고 그 물음을 숙고하는 과정에서 사고와 행동의 전환이 일어났다고 말했다.

지인의 딸이 건넨 물음은 내게도 묵직한 화두로 다가와 강남순이 소개한 물음, 즉 "신을 사랑한다고 할 때, 무엇을 사랑합니까?"와 어우러져 진화한다. '공동체를 소중하게 여긴다고 할 때, 무엇을 소중하게 여기는가?'

'공동체'라는 단어를 만나 가장 먼저 떠오르는 건 대안학교에 아이를 보내던 때의 기억이다. 그곳에 모인 양육자들은 공동체적인 삶을 추구했다. 새벽까지 이어지는 회의, 좁혀지지 않는 이견, 뒷담화, 분노와 좌절, 반목 그리고 파국……. 그 기억은 어둡고 칙칙하다. 십 년도 더 지난 일이지만 쉬 가시지 않는 이미지들이다.

거기서 나는 사람들 사이의 소통 불가능성에 좌절했다.

도무지 말이 통하지 않았다. 나의 말이 번번이 벽에 부딪히는 느낌이었다. 내 말이 들려지지 않는다고 생각한 나는 상대의 말을 듣지 않기로 작정했다. 나 또는 나와 친하게 지내는 그룹의 의견과 다른 의견이 제출되는 즉시 반박하고 나섰다. 이십 대에 단련된 쌈닭 기질이 발휘될 때마다, 한편으론 짜릿했지만 다른 한편에서는 절망의 골이 깊어져만 갔다.

지금은, 공동체를 소중하게 여긴다고 할 때 내가 소중하게 여기는 건 소통이다. 소통의 출발은 우리가 서로의 말에 귀 기울이겠다 마음먹는 것이다. 그다음이 나의 의견만큼이나 상대의 견해도 소중하다는 것, 우리는 모두 각자의 진실을 담고 있기에 대화를 통해 온전함으로 나아갈 수 있다는 태도를 기르는 것이다.

마지막으로, 가장 중요한 것은 용기, 내 의견을 내려놓을 용기다. 내 의견을 내려놓는 건, 때론 커다란 공포로 다가온다. 내 의견을 곧 나로 여기는 오래된 무의식적 습관이 내면에 똬리를 틀고 있기 때문이다. 의견을 철회하는 순간 나의 존재 자체가 지워져 버릴 거라는 믿음이 용기를 가로막는다. 하지만 의견이 존재는 아니다. 지금껏 수없이 의견을 바꾸고 내려놓았지만 나는 여기에 멀쩡히 살아서 배우고 있다.

당신에게도 묻는다. 공동체를 소중하게 여긴다고 할 때, 당신은 무엇을 소중하게 여기고 있는가?

차이에서 생명을 일구려면

질문: 우리 안의 차이로 생명을 움트게 하려면 어떻게 해야 하나요? 다시 말해 다름에서 오는 긴장을 창조적으로 끌어안는 '마음의 습관'을 기르려면 어떤 노력이 필요한가요?

답변: 나와 다른 사람이 나타났을 때 먼저 호기심을 품는 겁니다. 어떠한 판단도 하지 않고 그의 말이나 행동을 관찰하는 것으로부터 관계를 시작합니다. 그때 나의 '의도'를 점검하는 게 중요합니다.

저는 보통 상대를 '이해'하려는 의도를 품습니다. 그의 존재가 내 삶에 나타난 까닭을 알아보고 싶은 마음에 먼저 뿌리를 내리는 거지요.

마음도 근육과 같아서 올바른 방식으로 쓰다 보면 힘이 길러집니다. 의도를 순간순간 점검하는 것이 쌓이고 쌓이면 마음의 습관이 될 수 있습니다.

지도는 영토가 아니다

가끔씩 폴란드 출신 미국인 수학자 알프레드 코집스키의 다음 문장을 내 안으로 초대한다.

　　지도는 영토가 아니다.

코집스키가 말한 '영토'는 우리가 실제로 경험하고 있는 세상을 가리킨다. 그리고 '지도'는 우리가 경험하고 있다고 생각하는/믿는 내용이다. 그러니까 저 문장은, 실제 세상과 나의 경험은 같을 수 없다는 걸 뜻한다. 내가 알고 있는, 혹은 알고 있다고 믿는 세상은 실제 세상과는 다르다는 말이다.

　집 이사 문제로 며칠 분주하게 보냈다. 오전에 워크숍을 안내하고 나서 부리나케 점심을 챙겨 먹고 인근 부동산에 들러 살 집을 둘러보는 식이었다. 맘에 쏙 드는 집이 있는 반면, 저기선 못 살겠다는 말이 절로 나오는 집까지 다양했다. 그렇게 발품을 팔며 또 하나 알게 된 건 부동산 중계사들이 똑같은 중계사가 아니란 사실이다.

　내 관심은 내놓은 집을 얼마나 넉넉하게 받을 수 있는지, 그리고 맘에 드는 집을 얼마나 저렴하게 얻을 수 있는지에 있었다. 나는 파는 자인 동시에 사는 자였다. 나의 이러한 역설을 이해하는 중계사도 있었고, 둘 중에 하나에만 초점을 두어 접근하는 중계사도 있었다. 몸을 놀려 여기저기 다양한 터를 직접 보여 주는 중계사가 있는 반면, 사진과 문서로 먼저 접근하는 중계사도 있었다. 느긋하게 시간을 끌며 애를 태우는 분이 있는가 하면, 단도직입으로 제안하는 분도 있었다. 성별과 연령 면에서도 남녀노소가 다 있었다.

일정을 수행하면서 마음에 걸린 게 하나 있다. 내가 사람을 '중계사'라는 이름으로만 대하고 있었다는 점이다. 오로지 내 관심에만 골몰해서, 한 분 한 분이 살아 있는 사람이라는 사실을 잊고, 그들을 오로지 중계사로만 대하고 있던 나를 발견하고는 적잖이 부끄러웠다. 그런 나의 단면을 오래전부터 알았고 뛰어넘고 싶었지만 여전히 나는 비슷한 자리에서 거닐고 있었다.

코집스키는 지도는 영토가 아니라는 말로, 인간이 세상을 직접 경험하는 게 아니라 감각기관을 거쳐 들어오는 정보와 그에 붙어 있는 '의미'를 통해 경험하고 있다는 점을 밝히려고 했다. 인간은 지도를 통해 영토에 다가서니, 지금 내가 어떤 지도를 통해 세상과 만나는지, 그리고 어떤 내비게이션의 안내를 따라가고 있는지를 자각하라는 이야기다.

덧붙이면, 내비게이션은 대체로 유용하지만 무턱대고

내비게이션의 안내만 따른다면 뜻밖의 발견과 마주쳐 여행이 더 풍부해지고 생생해질 일은 별로 없다. 오로지 계획 속에서 맴돌 뿐. 그리고 그런 여행길은 가끔 더 고되기도 하고, 왜 여행을 시작했는지 잊게 만들기도 한다.

앎은 동사

앎은 동사다. 더 정확하게 표현하면 '알아 가는 과정'이 곧 '앎'이다.

자신의 앎을 잠시만 살펴봐도 이 사실을 분명히 알 수 있다. 우리는 고정된 '생각(thought)'에 머물러 있는 것이 아니라, 그 생각의 자극을 받아 끊임없이 떠오르는 수많은 생각의 흐름 속에서 생각들을 연결하고 해체하고 재구성하면서 '생각하고 있기(thinking)' 때문이다.

그리고 생각하기는 늘 '함께 생각하기'다. 온전히 자기 안에서만 비롯된 생각은 있다손 치더라도 극소수이고, 거의 모든 생각은 바깥에서 자극으로 주어지기 때문이다.

대화의 장에서, 우리는 더욱 적극적으로 함께 생각한다. 참여와 교류를 통해 새로운 가능성을 열어젖힌다.

변화를 초대하는 법

변화는 삶의 본성이다. 어느 한 순간도 우리는 변화와 떨어져 살아갈 수 없다. 삶의 고통은 변화하는 이 현실을 수용하지 못하고 자신의 사고틀에 맞춰 현실을 해석한 다음, 그 해석에 맞춰 자기 자신과, 다른 존재와, 세상을 꿰어 맞추려는 데서 비롯한다. 붓다가 고통으로부터 해방되는 여덟 가지 방법을 말하면서 '바로 보기'를 맨 앞에 둔 건 이 까닭이다.

끊임없이 변하는 현실을 있는 그대로 바로 보기. 수용은 변화에 대한 이해로부터 가능하다. 그런데 이해는 머리로 되는 것이 아니다. 그래서 앨런 와츠는 이렇게 말한다.

변화를 이해하는 유일한 방법은, 변화에 뛰어들어 함께 움직이고 함께 춤추는 것이다.

외부 세계의 변화는 나 자신을 변화시킨다. 또한 나 자신의 변화는 외부 세계를 변화시킨다. 외부 세계와 나 자신, 둘은 떼려야 뗄 수 없이 긴밀하게 엮여 있다. 관찰하는 내가 곧 관찰하는 대상과 함께 변화한다. 그래서 간디는 평화를 원하면 평화가 되라고 했고, 변화를 원하면 변화가 되라고 했다.

"듣는다는 건, 부드럽게 기대는 거예요.
들은 것으로 변할 수 있다는 의지를 품고서."

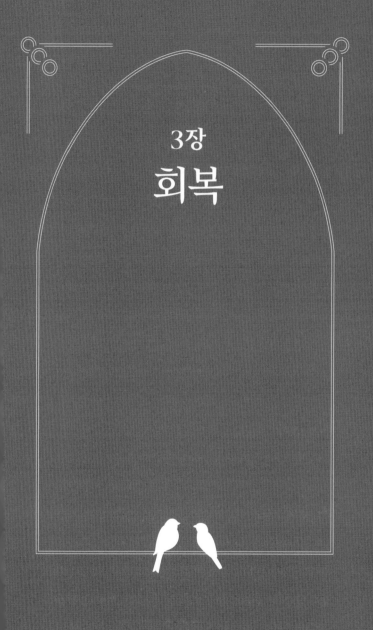

3장

회복

빈틈을 가꾸는 이유

보도블록 틈새를 뚫고 풀이 뾰족하게 올라왔다. 딱딱한 보도블록 사이에 여리디 여린 뿌리를 내리고 있다. 인간의 손길이 닿지 않는다면, 녀석의 뿌리는 언젠가 단단한 보도블록을 부드러운 흙으로 변모시킬 것이다.

사람을 뜻하는 한자 인간(人間)은 '사람(人) 사이(間)'라는 뜻이다. 한자 문화권에서는 사람을 생각할 때 늘 사람과 사람의 '사이'를 고려해 왔다. 사람을 뜻하는 인(人) 자 또한 보기에 따라선 두 사람이 서로 기대고 있는 것으로 해석할 수 있다. 이 맥락에서 보면, 두 사람의 '사이'와 '틈'이야말로 사람을 사람답게 만드는 결정적 요인이다. 그러니 '사이좋게' 지내라는 말은 사람이 사람답게 살라는 말과 다르지 않은 셈이다.

풀과 사람이 틈에서 자라나는 것처럼 새로운 사상이나 생각도 바로 이 틈에서 탄생한다. 하지만 딱딱하게 굳은 돌덩이와 같은 생각에 새로운 생각의 씨가 뿌리내리기란 여간 어려운 일이 아니다. 따라서 새로운 생각을 만나는 것만큼이나 중요한 것이 내 안의 빈틈을 가꾸는 일이다. 추수가 끝난 계절에 농부가 정성껏 땅을 돌보듯이.

최고를 이끌어 내는 힘

교사들과의 만남에서 한 선생님이 말했다.

"정말 지긋지긋하게 말 안 듣는 몇몇 친구들 때문에 골머리를 앓아요. 그런 친구들을 상대하다 보면 진이 다 빠져요. 아주 특별한 아이들입니다. 그런 친구들에게 통하는 '고급 기술'을 배우고 싶습니다."

마음속으로 물었다. '내게 저분이 말하는 고급 기술이란 게 있나? 저분이 바라는 고급 기술이란 무엇일까?' 잠시 뜸을 들였다 답을 했다.

"평소 잘 따르는 아이보다는 골머리를 앓게 만드는 학생과 관계를 풀어 갈 수 있는 방법을 배우고 싶다는 말씀으로 들립니다. 맞나요?"

"네, 그럼요. 그걸 위해서 이 바쁜 때에 따로 시간을 내어 여기에 온 거 아니겠어요?"

다시 스스로 물었다. '내게 고급 기술이 있을까?' 내 안의 목소리는 답한다. '없어.'

"선생님 말씀을 들으면서 저에게 고급 기술이 있는지를 스스로 물어봤어요. 그런데 없었습니다. 저 역시 제가 속한 어느 공동체에서 서로의 이야기에 귀 기울이지 않고 자기

고통만 알아주길 바라는 구성원들이 있어 어찌할 바를 모른 채 허둥대고 있거든요.

당사자들이 고통의 레이스를 펼칠 때, 제가 그동안 배운 기술을 써 보려고 한 적이 있습니다. '반영 요청'이나 '응급 공감' 같은 것 말입니다. 때로 기술이 먹힐 때도 있었지만, 갈등 에너지가 폭발하는 순간엔 그 기술이란 게 아무짝에도 쓸모가 없더군요. 너무 무력해서 갈등 전환 활동가라는 제 직업에 회의감이 들 정도였습니다.

그 순간 제가 할 수 있는 일은 제 안에서 올라오는 무력감에 저를 내맡기는 거였어요. 저 자신에게 공감하면서 연민과 사랑의 에너지를 보내 스스로를 지키려 애썼죠. 활화산처럼 타오르는 두 사람의 에너지에 기름을 붓지 않을 수 있었던 것만도 다행이라 여기고 있습니다.

제 말이 선생님께 어떻게 들렸나요? 제게 말씀해 주실 수 있나요?"

"그렇군요. 안내자분께 모든 걸 기대하진 않겠습니다. 그렇다면 여기 참가한 선생님들은 어떠신가요? 각자 난감한 상황에서 어떻게 하셨는지, 선생님들이 선택한 방법이 먹혔는지, 먹혔다면 어떤 요소 덕분이었고 먹히지 않았다면 무엇 때문이었는지를 함께 탐구해 보면서 동료 교사로서 위로도 받고 싶고, 또 저 자신을 성찰하면서 성장하고 싶습니다."

"생각을 나눠 주셔서 고맙습니다. 제가 바라는 것도 바로 그것입니다. 여기 참여하신 선생님들이 경험을 나누는 과정에서 자연스레 공동의 지혜가 떠오르는 걸 보고 싶습니다. 제 역할은 그 지혜가 나타날 수 있는 시간과 공간을 마련하고 유지하는 일이 될 것입니다."

이후 참가자들은 서로의 경험을 진술하게 나누었고, 모임을 마친 우리는 모임 이전과는 조금씩 다른 사람이 되어 각자의 일상으로 돌아갔다.

당시를 회상해 보면, 고급 기술을 요구받았을 때 부담감이 커지면서 몸이 경직되는 느낌이었다. 이야기를 꺼낸 선생님의 요구를 받아 내지 못하면 어쩌나 하는 걱정과 함께, 서클 안내자로서 스스로 무능하다고 생각하게 될까 봐 조금 불안했다.

그때 내가 선택한 건, 나 자신의 여림(vulnerability)을 드러내는 것이었다. 내게 고급 기술이 있는 것처럼 뻥치기보다는 다만 노력할 뿐 내게도 그런 건 없다, 그러니 함께 탐구해 보고 싶다고 바람을 표현했다. 다행스럽게도 이 기술은 먹혔다. 이처럼 자신의 여림을 드러냄으로써 참가자들과 연결을 유지하면서 대화가 본 주제로 나아가도록 돕는 것은 서클 안내자가 갈고닦아야 하는 중요한 역량 가운데 하나다.

윌리엄 아이작스는 저서 《대화의 재발견》에서 "어느 누구도 떠받들지 않지만 모든 사람을 수용하는 힘, 사람들에게서 최고를 이끌어 내는 힘, 위대한 창조성을 불러일으키는 힘은 사랑이다. 대화는 감정적이거나 도덕적인 의미가 아니라 진정한 창조성이라는 본연의 의미에서 사랑의 힘이다."라고 말했다.

그리고 우리의 여림은 그 창조적인 사랑을 불러내는 주문이다.

정서적 연결

3월 새 학기가 다가오면 몇몇 학교에서 생활교육 워크숍 안내를 요청해 오고는 한다. 그래서 3월은 종종 교사들과의 만남으로 시작된다.

그런 만남에서는 회복적 생활교육의 개념이나 역사를 설명하는 게 정석이지만, 그런 이해가 어느 정도 갖춰진 학교라는 판단이 들면 이론 연수는 줄이고 실습을 통해 교사들이 직접 '정서적 연결'을 체험하도록 안내하기도 한다. 교사 공동체 구성원끼리의 연결이야말로 회복적 생활교육을 추진하는 엔진이기 때문이다.

모 중학교에서 회복적 생활교육을 주제로 서클을 안내할 때의 일이다. 교장 포함 서른 명쯤 되는 교사가 둥그렇게 둘러앉아 있는 가운데 나의 경험과 의도를 간략히 나누고서 연결의 방법으로서 '체크인'을 경험토록 안내했다. 체크인은 서클 초반 구성원 각자가 서클 안으로 들어오도록 해 주는 과정이다. 그날의 체크인은 각자의 형용사 별명을 짓기, 그리고 그곳까지 어떤 경로로 오게 되었는지와 지금 몸과 마음의 상태가 어떤지를 말하는 것이었다.

각자 재미난 형용사 이름을 소개하며 이야기를 이어 가

던 중, 교무부장 업무를 맡은 선생님이 침묵 안에 눈물을 보였다. 숙연한 분위기가 연출되고 서클은 깊은 침묵으로 흘러들었다. 교무부장 선생님은 말을 잇지 못하고 '패스'하겠다며 토킹피스를 옆으로 돌렸다. 토킹피스는 서클 안에서 말하는 이가 들고 있는 상징물로서, 이 물건을 들고 있는 사람이 말하고 다른 이는 듣는다는 약속을 품고 있다.

다른 분들의 이야기가 이어지면서 서클은 말을 되찾아 갔다. 늦게 참여한 분의 목소리까지 들은 뒤, 나는 교무부장 선생님께 다시 말씀할 기회를 드렸다.

"좀 전에 선생님께서 패스한 걸 기억하고 있습니다. 선생님 말씀 중에 선생님의 눈물을 보았습니다. 눈물의 의미를 나눠 주실 수 있습니다. 말씀하시겠어요?"

잠시 머뭇거리던 교무부장 선생님은 토킹피스를 받아 들었다. 잠깐의 침묵이 흐른 뒤 띄엄띄엄 이야기가 풀려 나왔다.

"후회의 눈물이었어요. 제게 토킹피스가 오기 전, ○○선생님께서 창문을 가리고 있던 커튼을 열었어요. 그때, 창문 너머 내리는 눈이 들어왔습니다. 그 풍경을 보는 순간 지난주 돌아가신 장모님이 떠올랐습니다. 장모님께 잘해 드리지 못한 게 후회되면서, 이젠 뵙지 못한다는 생각에 그만 울컥하고 말았네요. 이야기 들어 주셔서 고맙습니다."

교무부장 선생님의 이야기가 흐르는 동안 몇몇 선생님이 함께 눈물을 흘리는 모습이 보였다. 나는 선생님 내면의 진실을 나눠 주신 데 감사 인사를 드리고, 예정된 활동으로 넘어갔다. 이런저런 활동이 이어졌고, 시간이 어떻게 흘러갔는지도 모르게 서클을 닫을 시간이 되었다. 서클을 마무리하면서 교무부장 선생님의 눈물을 떠올렸다. 참여자들이 체크아웃하도록 안내한 뒤, 다음 말로 서클을 닫았다.

"회복적 생활교육의 핵심은 연결입니다. 여기 계신 선생님들 사이의 연결, 교사와 학생의 연결, 학생끼리의 연결, 더 나아가 부모님 및 지역 사회와의 연결이야말로 회복적 생활교육의 엔진이자 지향점이라고 할 수 있습니다. 그리고 정서적 연결이야말로 연결의 핵심이지요.

정서가 자유로우면 지성은 스스로 꽃피웁니다. 두려움과 배움은 함께 춤출 수 없습니다.

이번 서클이 시작될 때 교무부장 선생님이 보여 주신 눈물과 그 눈물 곁에서 침묵으로 공감해 주신 여러 선생님들의 에너지가 지금도 느껴집니다. 오래도록 잊지 못할 장면입니다. 교사들끼리의 이러한 깊은 정서적 연결은, 업무에서 맞닥뜨리는 난관이나 학생들과의 관계에서 벌어지는 문제를 풀어 갈 수 있도록 해 주는 풍요로운 자원입니다.

진심을 나눠 주신 교무부장 선생님, 그리고 그 진심과 함께하며 침묵으로 공감해 주신 여러 선생님들께 감사드립니다. 덕분에 깊은 연결을 체험할 수 있었습니다. 상처받은 제 영혼 또한 치유되고 있습니다."

행주

행주가 바싹 말라 있으면 물기를 닦아 내기 어렵다. 바싹 마른 행주는 외부의 물기를 뱉어 낸다. 물기를 닦아 내려면 행주에 물기를 주어야 한다. 바싹 마른 행주를 물에 적셔 적당히 짜 준 뒤 주방의 물기를 닦으면, 신기하게도 행주가 물기를 받는다.

사람도 마찬가지다. 너무나 바싹 마른 사람은 다른 이의 눈물을 받아들이지 못한다. 바싹 마른 사람은 다른 이의 눈물을 튕긴다. 외부의 습기를 받아들이려면, 내가 먼저 살짝 젖어 있어야 한다. 타자의 아픔에 공명하려면 먼저 나 자신의 아픔에 가닿아 있어야 한다.

여림의 선물

장 바니에는 말한다.

> 우리는 모두 사랑하는 사람들인 동시에 파괴하는 사람
> 들입니다. 우리는 모두 두려움에 떨고 있는 동시에 절실
> 하게 신뢰를 원합니다. (중략) 나는 이렇게 말하고 싶습
> 니다. "이것이 나의 여림이다. 나는 그것에 대해 알아야
> 하고 건설적인 방식으로 그것을 사용해야 한다."

'여림'이라는 말이 내게 말을 걸어온다. '여림'은 영어의
vulnerability를 번역한 말이다. 《비폭력 대화》 원서를 공
부하면서 이 영어 단어를 처음 만났는데, 뜻을 이해할 수 없
어서 두고두고 몇 주 동안 묵상했던 기억이 있다. 묵상 끝에
나는 그 단어를 '여림'이라고 갈무리했다.

장 바니에의 말처럼 우리 안에 있는 어둠과 폭력은 여림
의 한 부분이다. 여림이란 상처받기 쉬움을 뜻한다. 상처받
았을 때 우리는 어둠 속으로 파고들며, 때론 폭력으로 상처
에 대처하려 한다. 어둠과 폭력을 비롯한 우리 안의 여림을
어떻게 대하고 전환하느냐에 따라 삶의 결은 완전히 달라

질 수 있다.

내면의 여림을 무시하고 덮어 버린다면, 우리는 나와 상대의 굳은 말과 행동 속에 웅크리고 있을지 모를 아픔과 진정한 욕구를 알아차릴 수 없게 될 것이다. 반면에 내면의 여림을 결결이 살피며 친절하게 대한다면, 나와 상대의 아픔과 욕구가 서로 닮아 있다는 걸 깨닫고 어둠과 폭력에도 손을 내밀 수 있게 된다. 그리하여 여림을 통해 서로 연결될 것이다. 여림은 공감의 단단한 토대가 될 수 있다.

고통을 말할 용기

"우리 공동체 안에 있는 여러 갈등 사안과 관련해서, '지금 나의 심정'을 누가 알아주길 바라나요?"

어느 고등학교에서 회복적 대화를 안내하면서 이렇게 물었다. 질문을 던지면서 적잖이 불안했다. 관계 회복을 위한 대화 모임을 안내할 때는 으레 불안하기 마련이지만, 이번에는 사안이 너무나 긴급했고 시간도 촉박해서 예비 모임도 없이 바로 본 모임으로 들어갔기 때문이다.

고등학교 2학년 남녀 학생 스물두 명 가운데 몇몇 사이에서 피상적인 이야기가 오갔지만 모임은 금방 깊은 침묵에 빠졌다. 이럴 때 내가 할 수 있는 일은 이 침묵을 지키는 것이다. 침묵 안에서, 참가자들의 내면에서는 폭풍이 친다. 홀로 침묵하는 것이 아니라 함께 침묵할 때는 더더욱 오만 가지 정서와 생각 들이 오간다. 망설임, 두려움, 막연한 혼란, 미움, 억울함, 분노, 불신 등등.

안내자라고 예외는 아니다. '지금 이 침묵의 의미는 무엇일까? 망설임과 두려움과 혼란으로부터 오는 침묵일까, 아니면 지겨움과 불신의 침묵일까?' 이런 의문이 안내자를 짓누르지만, 침묵을 유지하는 것 말고 다른 방법은 없다.

그러다 한 친구가 손을 들고 물었다.

"내가 누군가에게 말하면 그 친구가 상처를 입을 텐데, 그래도 말해야 하나요?"

잠시 침묵. 나는 대화의 규칙대로 그 친구의 말을 비춰 주었다.

"누군가에게 말을 하면 그 사람이 상처 입을까 걱정되어서 이야기하기가 주저된다 들었습니다. 맞나요?"

"맞아요."

"제 대답을 듣고 싶나요?"

"네, 듣고 싶어요."

잠시 침묵한 뒤, 나는 말했다.

"지금 우리 마음 안에 두려움이 있다는 걸 이해합니다. 오늘 이 대화 모임의 목적은 자기를 표현함으로써 이해받고, 또 그럼으로써 서로 이해하는 것입니다. 저의 대답은, 말을 할 것인가 아닌가는 각자 선택이지만, 우리가 함께 용기 내기를 바란다는 것입니다. 제 이야기에서 무엇을 들었나요?"

질문한 친구가 내게 비춰 준다.

"내가 말하느냐 아니냐는 나의 선택이지만, 용기를 내기 바란다고 들었습니다."

"들은 대로 말해 줘서 고마워요."

회복 대화 모임에 참가한 나와 학생들은 안전하게 대화하기 위한 약속으로 다음 네 가지를 정했다. 하나, 서로에게 존댓말 쓰기. 둘, 비밀을 엄수하고 뒷담화하지 않기. 셋, 자기 이야기를 하고 다른 사람의 말과 행동에 대해 평가나 판단이나 비난을 하지 않기. 넷, 들은 대로 비춰 주기.

그 학생과의 대화를 통해 우리의 침묵이 지겨움과 불신이 아니라 망설임과 두려움 그리고 혼란의 침묵이었음이 드러났다. 그러나 그러고 나서도 다시 30분 넘게 깊은 침묵이 유지되었다. 참가자들은 의자에 앉아 각자의 내면으로 깊숙이 들어가고 있었다.

이 학교에는 강당이 따로 없어서 임시로 식당을 대화 모임 장소로 쓰고 있었다. 점심시간이 다가오자 음식 준비하는 소리가 달그락달그락 들렸다. 침묵 가운데 흐르는 그 소리를 듣고 음식 냄새를 맡으며, 나는 모드 전환이 필요함을 직감했다. 그래서 이렇게 요청했다. "휴식을 취하고, 각자 침묵의 의미를 성찰하는 시간을 보낸 뒤 다른 장소에서 만나요."

15분쯤 쉬었다가 새로운 장소에서 동그라미를 그리며 둘러앉았다. "현재 나의 심정 또는 이번 달 초에 교실에서 일어난 일과 관련해서 그 당시의 심정을 누가 알아주길 원하나요?"

나는 처음 던진 질문을 되풀이했다.

대화는 마음의 연결이다. 그래서 회복 대화 안내자는 연결을 위한 핵심 질문을 반복한다. 서로의 마음을 연결하는 것 이외에 다른 소음이 끼어들면 안 된다. 그래서 이 대화에서는 침묵이 큰 역할을 한다.

바로 옆에 있던 친구가 손을 들었다.

"누구에게 말하고 싶나요?" 내가 물었다.

"○○에게 말하고 싶습니다."

한 달 전, 교실에서 폭언을 한 친구 ○○은 "말씀하시죠." 라고 받았다.

"○○님, 그때 당신이 우리 모두가 있는 데서 △△에게 한 말과 행동을 마주했을 때, 저는 너무나 무서웠어요. 몇 주가 지났지만, ○○님 목소리를 들을 때마다 그때 상황이 떠오르고 몸이 떨려서 학교에서 생활하기가 너무나 힘들어요."

안내자인 나는 ○○에게 '비춰 주기'를 요청했다. 과정이 쉽지는 않았지만 그는 비춰 주기를 했고, 처음 발언자의 마음이 어느 정도 전해진 것이 확인됐다. 다시 침묵. 모두가 기다렸다. 드디어 ○○이 말을 하겠다고 손을 들었다. 그의 발언은 아팠다. 그가 왜 그때 그러한 행동을 했는지를 깊이 성찰하며 친구들에게 눈물로 사죄했다. 그의 말을 듣는 친구들은 그냥 침묵하고 있었지만, 마음이 서서히 열리기 시작하는 걸 느낄 수 있었다.

참가자들이 하나하나 각자의 아픔을 이야기하기 시작했다. 자살 충동과 실행 그리고 실패에 대한 이야기, 종교 차이로 인한 가족 갈등, 그렇게 아픈 친구들을 돌보지 못한 것에 대한 미안함과 후회……. 각자의 영혼 깊은 곳에서 우러나온 목소리들이 동그라미 가운데에 모였다. 그것이 선물이 되어 우리는 모두 눈물로 연결되었다. 나는 말했다.

"고통을 나눠 줘서 고맙습니다."

우리 스물두 명은 뜨거운 포옹으로 네 시간 동안 이어진 대화의 막을 내렸다.

무라카미 하루키가 소설 《색채가 없는 다자키 쓰쿠루와 그가 순례를 떠난 해》에 썼듯이 우리는 모두 "상처로 깊이 연결"돼 있다. 그 상처가 대립을 야기할지, 아니면 연결을 만들어 낼지는 그 상처를 대하는 우리의 태도에 달렸다. 우리가 타자에 대한 비난이나 평가를 거두고 자신의 고통을 용기 내어 드러낼 때 연결과 회복의 문은 열린다.

그러한 용기는 어떻게 낼 수 있을까? 분명한 건, 우리에게 안전한 공간, "신뢰의 공동체"가 필요하다는 사실이다.

실과 바늘

어릴 적 소일거리 중 하나가 구멍 난 양말을 꿰매는 일이었다. 양말 색에 가까운 실을 골라 바늘에 끼운 뒤 한 땀 한 땀 잇다 보면 어느새 구멍이 메워져 있었다. 작은 것이지만 해냈다는 성취감. 희망은 여기서 싹튼다. 행위가 원하는 결과로 이어질 수 있다는 믿음이 곧 희망이다.

구멍은 양말에만 있는 게 아니다. 구멍은 한 사람의 가슴에도 나 있고, 사람과 사람 사이에도 뚫려 있다. 그 구멍이 왜 났는지 따지는 일은 무용하다. 오래 신은 양말엔 구멍이 나기 마련이다.

우리의 선택은 그걸 꿰매 다시 신을 건지 아니면 회생 가능성을 포기하고 다른 양말을 신을 건지, 둘 가운데 하나다. 오래된 지혜는 전자를 권유한다. 그걸 선택한 사람은 실을 찾아 바늘에 끼운다.

한 사람의 가슴에 뚫린 구멍은 관계에 생겨난 구멍과 이어져 있다. 자기만의 방과 광장은 연결되어 있다. 뫼비우스 띠처럼 안과 밖은 구별되지 않는다. 개인 따로 관계 따로가 아니다. 둘을 다 봐야 한다.

한 사람의 가슴에 난 구멍과 사람 사이에 난 구멍을 꿰매는 실과 바늘은 그래서 하나다. 그 바늘에 그 실을 끼워 안으로 찔러 넣었다가 밖으로 꺼내 다시 안으로 찔러 넣는 반복을 통해서만 구멍은 메워진다. 자기만의 방에서 광장으로 다시 자기만의 방으로 나아가는 순환 운동 없이는 사람과 관계에 난 구멍은 치유되지 않는다.

엄기호는 《고통은 나눌 수 있는가》에서 곁의 곁을 주문했다. 곁이야말로 안과 밖을 연결해 주는 고리다. 들려지지 않는 마음, 들으려고 하는 마음이 바깥과 단절되어 있을 때 곁은 그 마음을 어루만진다. 곁의 아픔이 돌봐져야 안과 밖이 만날 수 있다. 곁은 바늘이고 실이다. 구멍 난 가슴과 갈라진 관계를 메워 줄 실과 바늘이 곁이다.

실과 바늘을 잘 지켜야 한다. 곁을 잘 지켜야 한다. 곁엔 곁이 있어야 한다. 곁의 곁이 되어야 한다. 우린 모두 누군가의 곁이고 곁의 곁이다.

나를 대하는 방식과 남을 대하는 방식

나는 오른쪽 목과 무릎을 비롯해 몸 오른쪽 전반에 걸친 통증이 있는 삶을 살고 있다.

과거의 나는 그 통증을 짜증과 제거의 방식으로 대하곤 했다. '어휴, 이놈의 통증이 또 왔네! 도대체 넌 언제까지 그렇게 날 괴롭힐 거니, 썩 꺼져!!!' 하는 마음으로 진통제와 근육 이완제를 몸에 투하하곤 했다. 그렇게 약을 먹으면 통증은 잦아들었지만 효과는 그때뿐. 약 기운이 떨어지면 통증은 슬그머니 다시 고개를 들었다.

짜증과 제거의 방식으로 몸을 대하는 기간 중엔, 타인을 대하는 태도도 비슷했다. 누군가 내게 쓴소리를 하거나 나의 가치에 어긋나는 듯한 행동을 할 때, '어휴 그놈의 잔소리, 지긋지긋하다!' '도대체 언제까지 그런 짓거리를 할 거니, 꺼져!!!' 하는 마음으로 골탕을 먹이려 하거나 무관심으로 일관한 것이다. 그런 대응의 효과는 더 큰 잔소리 또는 더 큰 폭력이었다.

몸에서 오는 신호는 대개 마음의 소리와 연결되어 있다. 표출되지 못한 목소리 또는 마음 시스템 바깥으로 추방되어 꽁꽁 얼어붙어 있는 감정 덩어리는 신체 어딘가에 신호를 보내 자신의 존재를 알린다. 대체로 몸의 균형이 흐트러진 곳에서 그 신호를 수신하여 재발신한다. 따라서 사람에 따라 그 신호가 표출되는 지점이 다른데, 내 경우에 그게 오른쪽 목, 오른쪽 무릎, 오른쪽 팔꿈치인 것이다.

어느 스님이 물었다.

"몸의 중심이 어디여?"

다양한 답들이 나왔다.

"심장?" "가슴?" "배?" "머리?"

스님이 답했다.

"몸의 중심은 아픈 데여. 아프면 자꾸만 그쪽으로 신경을 쓰게 되잖여."

오른쪽 무릎에서 통증이 올라올 때면, 마치 거기서 어린아이가 울고 있는 듯이 두근거리는 느낌이 든다. 언제부턴가 나는 이 신호를 몸의 조화와 마음의 조화를 함께 돌보라는 뜻으로 이해하고 있다. 그래서 이제 나는 진통제를 투하하는 대신, 사랑하는 사람의 손길을 떠올리며 오른쪽 무릎에 나의 오른손을 가만히 올리고서 속으로 이렇게 말을 건넨다. '괜찮아. 거기 있어도 돼. 그동안 네 존재를 알아주지 못해 미안해. 이젠 거기서 나랑 함께 살자.' 그렇게 수용, 존중, 보살핌의 에너지를 불어넣어 준다. 숨을 불어넣어 준다. 그러면 신기하게도 통증이 줄어들곤 한다.

이렇게 해 오는 사이, 타인의 쓴소리나 거슬리는 행동에도 나는 좀 더 너그러워졌다. 그런 말과 행동에 화로 대응하는 대신, 그 사람의 어떤 부분이 내게 말을 걸어오는지 살피게 되었다. 그 부분이 전해 오는 느낌, 생각, 열망, 욕구 등을 들으며 상대의 목소리에 귀 기울이게 되었다.

내가 나 자신을 대하는 태도와 방식은 그대로 복제되어 내가 타인을 대하는 태도와 방식으로 투사된다. 그렇기에 사람과 사람 사이의 관계를 설계하는 공동체 대화 시스템 디자인은 곧 한 사람 안에 있는 여러 측면들의 관계를 설계하는 내면 대화 시스템 디자인과 긴밀히 연결된다.

'나'라는 '관계'

나는 내가 소망하는 나를 있는 그대로의 나라고 때때로 착
각했었다. 완벽한 워크숍 안내자, 다정한 남편, 인자한 아버
지, 친절한 친구, 유능한 기획자, 멋진 아들 따위를 나로 여
기고 살았다. 하지만 실제의 나는 실수투성이 워크숍 안내
자고, 무뚝뚝한 남편이고, 무신경한 아버지고, 쌀쌀맞기 그
지없는 친구이며, 무능하기 이를 데 없는 기획자고, 하나도
멋지지 않은 아들이었다. 소망이 현실을 대체하지 않는데,
현실을 부정하기 위해 소망을 현실로 대체하려고 했던 모
양이다.

그렇다고 내가 늘 실수만 하고 무뚝뚝하고 무신경하고
쌀쌀맞고 무능하고 멋지지 않은 건 또 아니다. 때론 나이
스하고 다정하고 인자하고 친절하고 유능하고 멋지기도 하
다. 하루에도 열두 번씩 열탕과 냉탕을 오간다.

그리고 내 힘만으로 최고로 등극하거나 실수투성이로 전
락하지는 않는다. 관계와 맥락 안에서 내 위치가 정해진다.
워크숍만 예로 들어도, 내가 워크숍을 통해 변화를 이끌어
낼 수 있었던 건 내 능력이 아니라 참가자들의 열의와 참여
덕분인 경우가 훨씬 많았다. 실수를 연발하는 경우에도 마

찬가지였다.

크리슈나무르티는 말한다.

소망하는 자기가 아니라 있는 그대로의 자기를 알아야
한다. 변화할 수 있는 것은 오로지 있는 그대로의 자기
뿐이다.

현실은 순간순간 변한다. 관계의 양상이 변하는 만큼 나 자
신도 변한다. 무엇을 나라고 말할 수 있을까? 신념과 이상
처럼 고정된 것을 나라고 여기는 순간 현실의 나를 놓치고
만다.

크리슈나무르티의 말마따나 나란 "인간 존재의 총제적
인 과정이 낳은 산물이자 그 일부분을 차지하는" 존재다. 나
를 관계의 맥락 안으로 집어넣을 때만 나는 존재하고 또 그
만큼만 세계의 변화에 기여할 수 있다.

인간이라는 강물

어느 소년교도소에 일 년 반쯤 들락거리고 있다. 그곳에는 사회에서 용납되지 않는 행동을 하고서 자신들의 자유권 일부를 제한받으며 지내는 아이들이 있다.

아이들을 교도소에 격리하는 건, 두 가지 효과를 이용해 사회를 안전하게 만들기 위해서다. 하나는 재발방지 효과다. 벌을 두려워하게 하여 비슷한 일을 다시 하지 않도록 하는 것이다. 다른 하나는 갱생 효과다. 행위 당사자가 반성과 성찰의 시간을 보냄으로써 자존감을 되찾고 새로운 삶을 시작할 수 있도록 안내하는 것이다.

그 소년교도소에서는 이런 이상을 구현하려 애쓰고 있었다. 수인에 대한 자유권 제한은 충분하고 적절한 수준에서 이루어지고 있었으며, 수인 스스로 삶을 성찰할 수 있는 기회를 더 많이 제공하려는 교도관들의 사랑도 시시때때로 확인할 수 있었다. 또한 수인들끼리 다투고 시기하고 질투하고 경쟁하고 힘자랑하는 과정에서 발생하는 갈등을 다스리는 시스템도 갖춰져 있었다.

그럼에도 아쉽고 안타까웠던 건, 이 아이들의 행위로 피해를 입고 고통 속에 신음하는 사람들이 교도소의 시선 안에 들어와 있지 않았기 때문이다. 나의 한정된 경험만으로 단정하긴 어렵지만, 내가 만난 교도소 아이들의 다수는 자기 행위가 다른 사람에게 준 고통에 대해 생각해 보지 못한 채 생활하고 있었다. 본인의 억울함만을 호소하거나 재수 없이 걸렸다는 인식도 적지 않았다.

아이들의 정서 상태가 이렇게 된 건, 아이들의 책임이 아니다. 지금의 사법 시스템이 피해를 입은 이의 상처와 고통을 돌보는 데는 큰 관심을 두지 않고, 행위를 한 자를 처벌하는 데만 온통 주의를 쏟고 있기 때문이다.

사법 절차가 진행되는 동안, 범죄 행위자들은 피행위자의 고통을 만나서 그것의 크기와 깊이와 농도를 느끼거나 가늠해 볼 수 있는 기회를 거의 갖지 못한다. 그런데 사회에서 범죄라 규정한 행위가 일어났을 때, 그 행위를 당한 이가 겪는 고통은 그것을 겪어 보지 못한 이에겐 상상 너머의 일이다. 피행위자가 자신의 고통을 어떤 식으로든 행위자에게 전달하고 행위자가 그 고통을 자신의 내면으로 받아들이지 않는 한, 행위자는 자신의 행위가 피행위자에게 어떤 영향을 주었는지 알 도리가 없는 것이다. 따라서 지금의 처벌 시스템 아래서는, 소년교도소 아이들이 자신이 위해를 가한 이들의 고통과 상처에 귀 기울이면서 내면 깊이 성찰하고 참회하게 되기를 기대하기 어렵다.

사회를 안전하게 만들기 위해 필요한 것은 무엇일까? 더 엄격하고 강한 처벌? 그것만으론 부족하다. 그것만으로는 사람이 잘 바뀌지 않는다.

교정을 통해 이룩하려는 사회의 안전은 행위자가 마음을 돌릴 때 비로소 한 발짝 앞으로 나아갈 수 있다. 그러한 마음 돌림은 행위자가 자신의 행위로 인해 도대체 어떤 일이 일어났는지, 가늠할 수 없는 그 고통의 넓이와 깊이가 얼마나 되는지 헤아리는 과정이 진행될 때 가능해진다.

피행위자의 아픔 또한 행위자가 마음 깊은 곳에서 참회하고 다시는 같은 일을 반복하지 않을 거라는 확신이 들 때 비로소 치유의 길로 들어설 수 있다.

그리고 이러한 기반이 마련되었을 때, 용서를 구하고 용서를 하는 행위, 그리하여 행위자와 피행위자가 자유롭게 서로를 놓아줄 수 있는 가능성의 공간이 열린다.

당신 자신을 당신의 어떤 행동 하나와 같다고 간주할 수는 없습니다. 당신의 삶은 복잡합니다. 끊임없이 변화하는 생각, 느낌 그리고 행위의 흐름이 당신의 삶입니다. 다른 말로 하면, 당신은 고정된 동상이라기보다 쉼 없이 흐르는 강에 더 가깝지요.

인간이 쉼 없이 흐르는 강에 더 가깝다는 데이비드 번즈의 말은 내게 희망을 준다. 끊임없이 변하는 인간의 그 본성에 기대를 걸어 본다.

회복적 정의

일반적인 '정의' 감각은 죄를 지으면 당연히 처벌을 받아야 한다는 사고방식과 관련이 있다. 그런 사고방식에서는 공동체에 위해를 가하는 어떤 행위가 벌어지면 누가 그런 천인공노할 짓을 했는지 색출하고, 그가 어떤 법을 어겨 어떤 죄가 있는지 밝혀내어, 사회에서 배제(징역 등)하고 나면 정의가 실현된다고 믿는다. 이른바 근대적 사법 시스템에 의한 응보적/처벌적 정의관이다.

응보적/처벌적 정의관에 기초하여 사회의 모든 사법 시스템은 움직인다. 경찰은 범인을 잡고, 검사는 경찰이 잡아온 범인을 법에 따라 기소하고, 변호인은 범인의 선처를 호소하고, 판사는 판결로 응답한다. 이처럼 '법대로'가 사회 일반의 갈등 해소 전략으로 뿌리를 내리고 있는 곳에서는 잘못한 자를 응징하고 나면 사회는 할 일을 다했다 여긴다.

그런데 여기서 잠깐 멈춰 생각해 보자. '법대로'엔 '가해자'에 대한 처벌이 주종을 이루고 있지, 그의 행위에 의해 피해를 입은 사람이나 공동체를 어떻게 회복시킬 것인지에 대해서는 빠져 있다.

'응징'의 절차 안에서 당사자(행위자, 피행위자, 공동체에서 영향을 받은 자, 책임이 있는 자 등)의 목소리는 사라진다. 절차를 끌고 가는 경찰, 검사, 변호사, 판사의 목소리가 주인공이고, 당사자는 그들의 호명에 그저 불려 나올 뿐이다. 행위자와 그의 변호인은 자신의 행위를 은폐하거나 더 적은 형량을 받기 위해 애쓰기만 한다. 행위로 인해 피해를 입은 자의 고통이 귀에 들어오기 힘든 구조인 것이다.

회복적 정의란, 이러한 응보적/처벌적 정의 시스템이 지니고 있는 구조적 허점을 자각하고, 피해 그 자체를 온전하게 복구하고 그로 인해 상처 입었을 관련 당사자와 해당 공동체의 관계가 회복되도록 정의 시스템을 재설계하자는 운동이다. 무엇보다 공동체 안에서 피해를 유발한 행위가 일어났을 때, 질문을 바꿔 보자는 것이다. '누가 어떤 범죄를 저질러서 형량을 얼마나 매겨야 하느냐'에서 '어떤 피해가 발생했으며, 그로 인한 영향은 무엇이고, 피해 복구와 관계 회복을 위한 행위자와 공동체의 책임은 무엇이냐'로 말이다.

회복적 정의 운동은 응보적 사법 시스템의 변화를 촉구하는 한편, 사회 전반과 일상에 스며 있는 응보적/처벌적 태도를 회복적/관계적 태도로 전환하도록 안내하고 있다. 특히 배움과 가르침이 있는 교육 현장인 학교에서 갈등과 폭력 행위가 일어났을 때에 해당 학생들을 조사/처벌하는 데에 머무르지 않고, 당사자들 사이의 관계 회복까지 함께 고려하여 사안을 다루어 갈 것을 제안한다. 이를 회복적 교육이라고 한다. 회복적 교육은 회복적 정의의 가치를 학교와 교육 영역에서 구현하는 새로운 패러다임이다. 또한 가정 영역에서 부모와 자녀의 관계 또한 응보적/처벌적 패러다임에서 회복적/관계적 패러다임으로 전환할 것을 제안한다.

응보적 질문과 회복적 질문은 질문의 출발점이 다르다. 응보적 질문의 초점이 '누가 어떤 범죄를 저질렀는가?'에 있다면, 회복적 질문은 '어떤 피해가 발생했는가?'로부터 시작한다.

응보적 질문	회복적 질문
– 누가 그랬어?	– 무슨 일이 있었니?
– 어떤 규칙(법)을 위반했지?	– 피해를 받았을 때 어떤 기분이었니?
– 또 너냐?	– 무슨 이유가 있었을 것 같은데 이야기해 볼래?
– 몇 대 맞을래?	
– 나중에 커서 뭐 될래?	– 상대방 이야기를 들어 보니 어떤 생각이 들었니?
– 네 엄마, 아빠가 그러라고 그러디?	– 너희의 행동이 주변 사람들에게 어떤 영향을 주었을 것 같니?
– 너도 똑같이 당해 봐야 정신 차리지?	
– 네가 잘못한 거 알지?	– 어떻게 하면 너의 마음이 풀릴 것 같아?
– 부모님이 그렇게 가르쳤어?	

– 머리는 액세서리냐?	– 지금 저 친구 마음이 어떨
– 잘했어, 잘못했어?	것 같니?
– 너, 뭘 잘못했는지 알지?	– 이런 일이 다시 일어나지
– 벌점 몇 점인지 알지?	않도록 우리가 무엇을
– 네가 인간이냐?	어떻게 할 수 있을까?

참고: 한국평화교육훈련원

회복적 정의를 일상에서 구현하는 방법으로 서클이 있다. 서클은 둥그렇게 둘러앉아 공동체 구성원이 서로의 속마음을 허심탄회하게 이야기 나누는 안전한 공간이다. 공동체 서클의 목적은 이렇게 조성된 안전한 공간이라는 토양에서 서로에 대한 존중과 이해의 꽃을 피우는 것이다. 기쁜 일이 있으면 함께 축하하고 슬픈 일이 있으면 함께 슬퍼한다.

만약 공동체에 어떤 중요한 문제가 생기면 서로 이야기하고 들으며 공동의 지혜를 모으기 위해 서클로 둘러앉는다. 특히 공동체 구성원 사이의 갈등이나 폭력 행위로 인해 피해가 발생할 경우, 당사자는 물론 영향을 입은 사람들이 모두 모여 서로의 이야기를 깊이 들음으로써 피행위자의 고통이 행위자에게 전달되는 통로 역할을 한다.

한 사람의 행위는 그 사람 개인이 살아온 역사를 반영한다. 뿐만 아니라 그가 속한 공동체의 역사와 문화 또한 그 한 사람의 행위를 통해 드러난다. 행위를 한 사람을 '가해자'라 꼬리표 붙여 응징함으로써 그와 직간접으로 영향을 주고받은 나머지 사람들이 면죄부를 받는 사회가 정의로울까, 아니면 그가 왜 그러한 행위에 이르렀는가를 공동체 구성원 모두가 이해하고 함께 책임지려고 대화하는 사회가 정의로울까?

문제 해결을 위한 대화의 조건

인간 세상에서 발생한 어떤 문제라도 그것을 푸는 가장 최상의 방법은 모든 당사자들이 함께 둘러 앉아 이야기 나누는 것입니다.

달라이 라마의 이 짧은 말 안에는 대화와 관련한 몇 가지 중요한 통찰이 담겨 있다.

첫째, 사람 사는 곳에서 발생한 '모든 문제'는 대화를 통해서 해결 가능하다는 것이다. 문제는 단절에서 오는 것이고, 단절을 극복하는 방법은 연결을 시도하는 것이며, 언어를 쓰는 인간에게 가장 좋은 연결 방법은 대화이기 때문이다.

둘째, 문제 해결을 위한 대화에는 '모든 당사자'가 함께 모여야 한다는 것이다. 그 문제를 일으킨 사람이든, 그 문제에 의해 직접 피해를 당한 사람이든 간접 영향을 입은 사람이든, 그가 누구든 그 문제에 관심을 두는 공동체 구성원이라면 모두 함께해야 한다. 그래서 각자의 목소리가 들려질 때, 문제 해결의 단초가 열린다. 배제된 목소리가 없어야 한다.

셋째, 둘러앉아야 한다는 것이다. 사실 동그랗게 둘러앉는 것만으로도 문제는 반쯤 해결된 것이나 마찬가지다. 물론 둘러앉아 나누는 이야기를 통해 서로의 마음이 연결되어야 문제가 온전히 해결되겠지만, 둘러앉기까지 서로가 서로를 탐색하고 이해하려는 노력을 기울이기 마련이니 둘러앉았다는 그 자체에 큰 의미가 있다. 필요하다면 본격적으로 둘러앉기 전에 사전 조율을 위한 예비 모임을 할 수도 있다.

넷째, 이야기를 나누는 것이다. 이야기를 나눈다는 말은 곧 속마음을 나눈다는 말이다. 다른 이에겐 펼쳐 보이지 않았을 한 사람의 속마음이 공동체 구성원들에게 들려졌을 때, 어떤 문제로 깨어진 공동체가 다시 맺어질 에너지가 생겨나게 된다. 대화에 참가한 모든 사람들의 속마음이 들려지고 이해되고 공감받는다면 깨어진 공동체는 회복의 길로 들어선다.

모닥불

서클 대화를 함께 연구하며 삶으로 살아내는 데에 관심 있
는 한 동료는, 함께 훈련하는 과정에서 백석의 시 〈모닥불〉
이 떠오른다고 했다.

　　새끼오리도 헌신짝도 소똥도 갓신창도 개니빠디도 너
　　울쪽도 짚검불도 가락잎도 머리카락도 헝겊조각도 막
　　대꼬치도 기와장도 닭의깃도 개털억도 타는 모닥불

　　재당도 초시도 門長 늙은이도 더부살이 아이도 새사위
　　도 갓사둔도 나그네도 주인도 할아버지도 손자도 붓장
　　사도 땜쟁이도 큰개도 강아지도 모두 모닥불을 쪼인다

　　모닥불은 어려서 우리 할아버지가 어미아비 없는 서러
　　운 아이로 불상하니도 몽둥발이가 된 슬픈 역사가 있다

가운데에 모닥불이 있다. 둘러싼 사람들은 이것저것 조금
씩 제가 지니고 있는 것을 땔감으로 넣으면서 모닥불을 지
핀다. 모닥불이 피어 있는 자리에는 누구나 올 수 있다. 애도

어른도, 남자도 여자도 제3의 성도. 거기엔 슬픈 역사도 기쁜 삶도 다 녹아들어 간다. 동그라미는 삶이 된다.

용기를 북돋는 사람

용기를 북돋는 사람이 되어 주세요. 이 세상엔 비평하는
사람이 이미 넘쳐 나거든요.

데이비드 월리스의 저 말에서 '용기를 북돋는 사람'은 영어
encourager를 옮긴 것이다. encourager 중간에 끼어 있는
'cour'는 '심장'이란 뜻이다. 그러니까 용기를 북돋는 사람이
란 '심장이 뛰도록 만드는 사람'쯤 되겠다. 죽어 있는 듯 사는
사람, 그리하여 심장이 뛰는지 안 뛰는지도 모르는 사람의
심장을 뛰게 만드는 이가 용기를 북돋는 사람이다.

그런데 세상엔 비평하는 사람들로 넘쳐 난다. 비평하는
사람이란, 본인은 자신이 비평하는 사태 또는 일과 아무런
관련이 없다는 듯한 표정으로 이러쿵저러쿵 충조평판(충고,
조언, 평가, 판단)만 하며 가르치려 드는 사람이다. 제 딴에는
그런 말들로 상대의 용기를 북돋거나 상황을 낫게 하고 싶
다는 바람을 품었는지도 모르지만, 듣는 사람 마음에서는
그와 정반대의 상황이 펼쳐져 속으로 '재수 없어!'를 연발하
게 만들기 일쑤다.

이와 달리 용기를 북돋는 사람은 자신이 사태 또는 사건

의 일원임을 분명히 자각한다. 자신 또한 그 사태로부터 상처나 영향을 받았음을 인정하고, 사태의 책임이 자신에게도 있다는 걸 전제로 이야기를 풀어 나간다.

용기를 북돋는 사람이 갖춘 중요한 덕목은, 그가 아픈 사람과 함께 있을 줄 안다는 점이다. 함께 있는 방법은 사람에 따라 다르고, 집단과 문화에 따라서도 다르다. 침묵으로, 비를 함께 맞는 것으로, 따뜻한 차를 내놓는 것으로 그는 아픈 사람과 함께한다. 때론 예리한 안목으로 상대방에게 닥친 일들과 앞으로 닥쳐 올 일들을 짚어 가며 상대방의 지혜가 꽃피울 수 있도록 길잡이 역할을 하기도 한다. 단, 요청되지 아니한 충조평판 근처에는 가지도 않는다. 그렇게 그는 아픈 사람이 스스로 일어설 수 있도록 곁에서 가만히 지켜본다.

나로 말하자면, 오랫동안 비평하는 사람 계열에 속해 있었다. 비평하는 사람으로서의 삶은 나 자신은 물론 동료나 가까운 관계에 커다랗고 치명적인 상처와 단절을 가져왔다. 그런 경험을 한 뒤, 이제는 비평하는 사람의 길에서 빠져나와 용기를 북돋는 사람의 길로 들어서고 있다. 그렇다고 비평하는 사람의 얼굴이 내게서 완전히 사라진 건 아니다. 그 얼굴은 지금도 나와 다른 생각을 만날 때마다 불쑥불쑥 고개를 들곤 한다. 그래서는 앞뒤 맥락을 따져 보지도 않고서 비난하거나, 감정적으로 대하면서 갑자기 화를 낸다.

그럴 때, 다시 말해 내가 비평하는 사람이 되어 있다는 것을 문득 알아차렸을 때, 나는 그러는 나 자신을 받아들이고 끌어안음으로써 용기를 북돋는 사람의 길로 되돌아간다. 나 자신에 대해 이러쿵저러쿵 비평하는 대신, 비평을 내뱉는 나의 부분과 조용히 함께하며 그 부분이 스스로 응어리를 풀고 맑은 얼굴로 일어설 수 있도록 가만히 지켜본다.

나는 요즘, 자기 자신의 용기를 북돋울 줄 모르는 사람이 타인의 용기를 북돋기란 어쩌면 불가능할지도 모른다는 생각에 이르렀다. 그래서 남에게 친절하게 대하는 연습과 나 자신에게 친절하게 대하는 연습을 함께 하고 있다. 조금 식상하긴 해도, 자기를 사랑하는 사람만이 타인을 사랑할 수 있다는 말은 진실인 것 같다.

역지사지

역지사지(易地思之)라는 말이 있다. 국어사전에 "처지를 바꾸어서 생각하여 봄."이라고 풀이되어 있는 말이다.

뜬금없이 이 말이 떠오른 것은, 며칠 전 누군가에게 독한 말을 듣고 그 때문에 마음 문이 닫혀 한동안 그와 한 마디도 섞지 않고 있기 때문이다. 돌이켜 보니 그런 사람이 한둘이 아니다. 어떤 사람의 말에 상처를 받고, 마음에 피가 흐르고, 그 핏기가 가시길 기다리며 내면으로 칩거하는 일은 나에게 낯설지 않은 풍경이다.

시간이 어느 정도 흐르고 나니 '그 독한 말을 한 사람은 왜 그런 말을 내게 한 걸까?'라는 쪽으로 마음이 움직였다. 그러면서 떠오른 말이 바로 역지사지다.

다니엘 핑크는 《파는 것이 인간이다》에서 타인을 움직이는 능력 중 첫째로 '조율 능력'을 꼽았다. 조율 능력엔 두 가지 차원이 있는데, 하나는 관점 바꾸기고 다른 하나는 공감이다. 그는 연구 결과들을 인용하면서, 비즈니스 영역에선 둘 가운데 관점 바꾸기가 더 효율적이라고 말했다. 하지만 공감과 관점 바꾸기는 영역이 다를 뿐 한 사람 안에서 통합적으로 작동한다는 점에서 그가 인용하고 있는 연구 결과에

연연할 필요는 없어 보인다. 중요한 건, 상대방과의 조율 능력이 현대를 살아가는 데 필수가 되었다는 사실이다. 한마디로 지금은 역지사지가 필수인 시대다.

역지사지에서 역(易)은 하늘에 해가 떠서 빛이 대지에 골고루 퍼지는 모양을 형상화한 글자다. 하늘에 있는 태양은 우리에게 빛을 비추지만, 중간에 구름이 끼면 햇빛은 우리에게 닿지 않는다. 그래서 이 글자는 '바꾸다'라는 뜻으로도 쓰인다고 한자 사전에 적혀 있다. 여기서 '햇빛'을 '공감'으로 바꾸면 구름은 무엇이 될까? '나만의 생각'쯤 될 것이다.

처지를 바꿔서 보는 능력은 인류가 지금까지 살아남을 수 있었던 원동력이기도 하다. 어린아이를 보라. 만약 어린아이가 자기 보호자에게 조율하는 능력을 타고나지 않았다면, 과연 이 험한 세상에서 살아남을 수 있을까? 어른들이 아이를 보며 행복감에 젖는 건 바로 어린아이의 조율 능력 때문이라는 게 자연과학 연구에서 속속 밝혀지고 있다.

예수는 어린아이만이 천국에 갈 수 있다고 말했다. 나는 그의 이 말을 '조율 능력을 회복하라!'는 뜻으로 이해한다.

원수를 사랑하라

신학자 정경일은 원수를 사랑하라는 예수의 말을, 내가 미워하는 사람을 사랑하라는 게 아니라 '나를 미워하는 사람'을 사랑하라는 뜻이라고 풀이했다. 그 말을 듣기 전까지 나는 원수를 내가 미워하는 사람으로만 이해하고 있었다. 그런데 원수가 그게 다가 아니었다니, 나를 미워하는 사람까지 사랑하라니……. 예수의 이 주문이 실행 불가능한 것으로 보였다.

그 풀이가 좀처럼 다가오지 않아 선생에게 설명을 부탁했다. 선생은 친절하게 이렇게 답을 해 주었다.

누군가를 미워하면서 사랑할 수 없다는 거죠. 사랑하는 순간 이미 미움은 사라진 것이니까요. 원수를 사랑하는 순간 이미 그는 내 원수가 아니라 내가 사랑하는 사람입니다. 하지만 누군가 여전히 나를 미워하더라도 나는 그 사람을 사랑할 수 있습니다. 이때야 비로소 미움과 사랑이 공존하는 거죠. 이 풀이는 앨런 월리스의 책《친절한 불교 해설(Buddhism with an attitude)》에 나옵니다.

그럼 어떻게 해야 원수를 사랑할 수 있을까? 헨리 롱펠로는 다음과 같이 원수를 사랑하는 경로를 일러 준다.

> 원수로 여기는 이의 숨겨진 역사를 읽어 낼 수만 있다면, 개개인의 삶에 아로새겨진 슬픔과 고통을 발견할 수 있을 것이다. 그 안에서 우리는 상대를 향한 적대감을 충분히 누그러뜨릴 수 있다.

우리는 이걸 '공감'이라고 부른다.

마음의 장애물 끌어안기

파커 파머는 《비통한 자들을 위한 정치학》에서 긴장을 파괴적인 힘으로부터 창조적인 에너지로 변형시키는 길에 대한 모색에서 미국의 민주주의가 탄생했으며, 이는 양자택일의 문화에서 양립의 문화가 형성됨으로써 가능해졌다고 썼다.

문제는 어떻게 해야 "양자택일하도록 유혹하는 딜레마를 해결하고 '제3의 것'이 떠오를 때까지 충분하게 긴장을 붙"들 수 있는가다. 이와 관련해 그는 경제학자 슈마허의 말을 인용한다.

갈라져 나가는 문제들은…… 보다 상위의 힘들에 대한 수요를 유발하고, 따라서 그 공급을 촉진한다. 그 결과 사랑, 아름다움, 선함 그리고 진리가 삶 속으로 들어온다. 오로지 그런 상위의 힘들을 통해서만 삶의 정황 속에서 대립들이 화해될 수 있다.

나의 삶 속에도 슈마허가 말한 '상위의 힘'들이 들어온 순간이 있다.

나는 수년 전 어느 기관의 강사였다가, 나로선 이해할 수 없는 사유로 강사에서 해촉되었다. (기관 입장에선 타당한 이유가 있었겠지만.)

그곳은 지금도 물론이지만 당시에는 더더욱 내 마음과 정신의 고향이었다. 강사 수입이 끊겼다는 차원에서는 그저 난감한 정도였지만, 고향에서 쫓겨난다는 두려움과 서운함은 굉장히 파괴적이었다. 점점 커진 두려움과 서운함은 분노로 바뀌었고, 나는 연신 괴로워하며 여러 날을 술로 보냈다.

파커 파머는, 긴장을 파괴적인 힘으로부터 창조적인 에너지로 바꿔 내기 위해선 양극단에 있는 것처럼 보이는 가치나 힘들을 세련되게 끌어안아야 한다고 말한다.

그러면서 부모가 아이에게 자유와 규율 모두를 주고자 할 때 나타나는 내면의 두 가지 장애물을 예로 든다. 자녀의 미래에 대한 두려움과, 부모 자신이 어릴 적 겪은 억압의 고통과 그에 대한 분노가 그것이다. 전자에 속박된 이는 아이에게 과도한 규율을 부과하고, 후자의 고통에서 벗어나지 못하는 이는 아이에게 과도한 자유를 줄 수 있다는 게 그의 설명이다. 미래에 대한 두려움이나 과거의 상처 모두 양극단을 끌어안는 걸 막는 내면의 장애물인 것이다.

이러한 장애물을 극복하기 위해선 '연습'이 필요하다고

그는 말한다. 온전히 주시하기(마음살피기), 명상, 기도, 인간성을 다룬 위대한 문학 읽기, 고독과 침묵 속에서 시간 보내기, 카운슬러나 영적 지도자와 대화하기 같은 방법을 제안한다.

기관에서 해촉된 뒤 허우적대고 있던 나를 보고, 한 후배가 넌지시 '자비 명상'을 함께 하자고 제안했다. 자비 명상은 나자신, 내가 사랑하는 존재, 나와 상관이 없는 존재, 내가 미워하는 존재 모두의 안녕과 평안을 기원하는 명상이다. 지푸라기라도 잡는 심정으로 후배의 제안을 받아들이고, 한 사찰에서 진행하는 8주 자비 명상 프로그램에 등록했다. 그렇게 보내게 된 8주는, 양극단을 껴안지 못하도록 막는 장애물을 극복하는 연습의 시간이었다.

8주 동안 자비 명상을 연습하면서, 나의 분노는 비록 완전히 해소되지는 않았지만 꽤 많이 누그러졌다. 나를 해촉한 기관 대표를 향한 원망과 서운함은 그에 대한 연민과 이해 그리고 공감으로 조금씩 바뀌어 갔다. 슈마허가 말한 사랑, 아름다움, 선함, 진리가 내 삶 속으로 들어온 것이다. 마음이 풀린 나는 대표에게 다가갈 용기를 얻었고, 내가 먼저 대화를 청해 다시 강사로 활동할 기회를 얻게 되었다.

삶의 어느 시기에는 대립과 갈등이 전부처럼 보이는 순간이 누구에게나 찾아오기 마련이다. 나 또한 그랬다. 분노로 치를 떨던 때의 나를 떠올리면 지금도 어깨가 뻐근하고 머리가 지끈거린다. 그때 나를 가엽게 여기고 자비 명상으로 안내해 준 후배가 고맙다. 그리고 나의 대화 요구에 선뜻 응하여 속내를 나눠 준 기관 대표에게도 감사드린다. 덕분에 갈등을 품으면서도 상대를 미워하지 않고 함께 살아갈 수 있다는 희망을 품을 수 있었다.

성 프란체스코의 기도

주여!

저로 하여금 당신의 평화의 도구가 되게 하소서.

미움이 있는 곳에 사랑을

모욕이 있는 곳에 용서를

의혹이 있는 곳에 믿음을

절망이 있는 곳에 희망을

어두움에 빛을

슬픔이 있는 곳에 기쁨을 가져오는 자가 되게 하소서.

위로받기보다는 위로하고

이해받기보다는 이해하며

사랑받기보다는 사랑하게 하여 주소서.

우리는 줌으로써 받고

용서함으로써 용서받으며

자기를 버리고 죽음으로써

영생을 얻기 때문입니다.

질투는 내가 가진 것을 상대가 빼앗아 갈 거라는 두려움, 자신이 버려지리라는 불안에 기초한 감정이다. 두려움과 불안에 바탕을 둔 관계는 오래갈 수 없다. 어떻게 해야 진실로 내가 원하는 것이 사랑, 배려, 존중, 신뢰, 편안함 그리고 친절이 흐르는 관계라는 걸 잊지 않을 수 있을까.

어느 날 문득 질투하고 있는 나를 발견하고 흠칫 놀랐다. 파도가 몰아치듯 의식이 날뛰었고, 심장이 두근거렸으며, 숨이 거칠었다. 그를 향한 미움이 극에 달해 머릿속에서 수백 번도 더 그를 매도하고 공격했다. 마음은 지옥으로 변해갔고, 진실로 내가 원하는 게 무엇인지를 잊어버렸다. 그렇게 고통이 몸과 마음을 온통 휘감는 찰나, '내가 지금 질투를 하고 있구나!' 하고 알았다.

그런 나를 가만 지켜보며 연민으로 감싸 안았다. 눈물로 한나절을 보내고서야 내가 원하는 관계의 에너지 안에 있게 되었다. 마음이 편안해지고 숨이 제자리에 돌아오자, 비로소 그가 안녕과 평안을 바라는 한 사람으로 보이기 시작했다. 그도 나와 같았다. 몇 년 전 배운 자비 명상이 생각나 그와 나의 안녕과 평안을 함께 빌었다.

그러고 났더니 성 프란체스코의 기도가 떠오른 것이다. 이 기도문의 핵심은 내가 '도구'로 쓰이는 걸 받아들이는 것이다. 하느님께 나를 평화의 도구로 써 달라는 기도를 진실

한 것으로 만들기 위해 내게 필요한 건 무엇일까? 잠시 나의

여림에 접속해 본다.

"들려지지 않는 마음,
들으려고 하는 마음이 바깥과 단절되어 있을 때
곁은 그 마음을 어루만진다.
곁엔 곁이 있어야 한다. 곁의 곁이 되어야 한다.
우린 모두 누군가의 곁이고 곁의 곁이다."

닫는 글

테드 창의 소설집 《당신 인생의 이야기》에 실린 단편 〈네 인생의 이야기〉에서 소설의 화자이자 주인공인 루이즈 뱅크스는 언어학자다. 루이즈는 지구를 찾아온 외계인과 소통하는 프로젝트에 합류하면서, 자연스레 외계인의 언어를 습득한다.

외계인의 언어는 과거, 현재 그리고 미래를 동시에 표현한다. 이를 배운 루이즈는 과거, 현재 그리고 미래를 구분하는 인간 인식의 한계를 벗어나 미래에 일어날 일을 지금 여기서 훤하게 들여다보는 능력을 얻었다.

나는 처음부터 나의 목적지가 어디인지를 알고 있었고, 그것에 상응하는 경로를 골랐어. 하지만 지금 나는 환희의 극치를 향해 가고 있을까, 아니면 고통의 극치를 향해 가고 있을까? 내가 달성하게 될 것은 최소화일까, 아니면 최대화일까?

이런 의문들이 내 머리에 떠오를 때, 네 아버지가 내게 이렇게 물어.

"아이를 가지고 싶어?" 그러면 나는 미소 짓고 "응."이라고 대답하지. 나는 내 허리를 두른 그의 팔을 떼어 내고, 우리는 손을 마주잡고 안으로 들어가. 사랑을 나누고, 너를 가지기 위해.

루이즈에게는 아픈 미래가 예정되어 있다. 자신이 낳은 아이가 스물다섯 나이에 국립공원 등반 추락 사고로 죽기 때문이다. 그 모든 걸 알고 있음에도 루이즈는 곧 이혼할 남편과 방으로 들어간다, 아이를 가지 위해. 인용문은 그때 루이즈가 미래의 아이에게 건네는 이야기다.

대화의 시공간은 과거, 현재 그리고 미래가 동시에 떠오르는 에너지장이다. 대화의 장에 참여하는 사람은 과거의 짐과 환희는 물론 미래에 대한 불안과 희망도 동시에 품고 있다. 자기 목소리를 내고 상대의 이야기에 귀 기울이면서 현재의 자신을 순간순간 재창조해 낸다.

외계인의 언어를 습득한 루이즈처럼 앞으로 어떤 일이 벌어질지 알 수는 없다. 다만 알 수 있는 일은 이야기꽃을 피워 낸 바로 그 순간의 각성과 선택이 미래를 창조해 낼 거라는 사실이다.

지금-여기에서 늘 새롭게 나를 만들어 가는 존재가 바로 인간이다.

인용한 책

19쪽 "대화는 '의미의 자유로운 흐름'을…… 명백해진다.": 월리엄 아이작스, 《대화의 재발견》, 에코리브르, 2012.

24쪽 "나를 있는…… 필요가 없는 공간", "못난 모습을…… 뒷담화를": 김찬호, 《모멸감》, 문학과지성사, 2016.

29쪽 "프레임은 마중물이다.", "특정한 프레임을…… 가진 능력이다.": 김창훈·홍승동, 《낯선 것과의 조우》, 좋은책만들기, 2013.

30쪽 "다른 아이가…… 가르치는 셈이 된다.": 인발 카스탄, 《자녀가 '싫어'라고 할 때》, 한국NVC센터, 2013.

42쪽 "즉시 반응하지…… 영적 수행": 크리스티나 볼드윈·앤 리니아, 《서클의 힘》, 초록비책공방, 2017.

61쪽 "자신의 확신과…… 충분하다고 생각되는": 리처드 번스타인, 《악의 남용》, 울력, 2016.

62쪽 "우리는 적에게…… 우리의 적인가?": 리처드 번스타인, 위 책.

91쪽 "어느 누구도…… 사랑의 힘이다.": 월리엄 아이작스, 《대화의 재발견》, 에코리브르, 2012.

131쪽   "양자택일하도록…… 긴장을 붙": 파커 파머, 《비통한
자들을 위한 정치학》, 글항아리, 2012.
"갈라져 나가는…… 화해될 수 있다.": 에른스트 슈마
허, 《작은 것이 아름답다》. 파커 파머, 위 책에서 재인용.
140-141쪽   "나는 처음부터…… 너를 가지기 위해.": 테드 창, 《당
신 인생의 이야기》, 엘리, 2016.

추천의 말

○

마하트마 간디가 자신의 삶을 진리를 향한 실험으로 간주했듯이, 의사소통과 갈등 전환 영역에서 종사하는 활동가는 삶에서 맞닥뜨리는 도전과 다양한 경험 들을 '대화'라는 렌즈를 통해 바라본다. 데이비드 봄의 말처럼, 나와 세상의 문제들이 그 자체로 존재하는 것이 아니라 대화에 대한 이해 부족에서 오는 것임을 알기 때문이다. 대화와 서클 진행 영역에서 오랜 동료인 저자는, 이 책에서 대화를 통해 어떻게 온전한 삶을 향한 변화와 협력적인 세상을 향한 회복이 일어나는지를 보여 주고 있다. 대화가 어떻게 '나'라는 존재를 만드는지, 경청은 존재의 연약함을 어떻게 돌보는지, 존중과 신뢰가 어떻게 치유와 회복을 불러올 수 있는지를 깊은 사색과 현장에서의 실천을 바탕으로 말해 주고 있다.

이 책은 축어적인 예감을 통해 더 많은 소중한 생각들을 불러일으킨다. 저자는 독자들을 자신과의 내면 대화로 초대하여 치유와 회복으로의 길이 펼쳐질 것임을 보여 준다. 저자의 말대로 "만남은 은총"임을, 이 책을 만나 확인하게 될 것이다.

- 박성용(비폭력평화물결 대표, 《회복적 서클 가이드북》 저자)

。

서클 대화를 이어 가다 보면 말수 없던 아이가 어느 순간부터 자기 목소리를 들려주기 시작한다. 학급에서 존재감이 없던 아이가 서클을 통해 조금씩 자신의 영향력을 만들고 삶을 주도해 가는 모습을 볼 때, 교사로서 깊은 감동을 받는다.

아이를 통제하는 것이 아니라 아이 스스로 주도적인 삶을 꾸리고 사회참여를 늘려 가도록 안내하는 것이 회복적 교육이다. 이를 위해 어른이 할 일은 아이의 삶을 침범하지 않으면서 어른의 힘을 빼는 것이다. 아이는 실수와 잘못을 반복할 것이다. 어른은 아이를 변화시키겠다는 마음을 버리고 아이를 위한 변화의 공간이 되어 주어야 한다. 사랑과 연민을 품고서 기다려 주어야 한다.

그것이 저자가 소년교도소에서 아이들과 대화 시간을 이어 가면서 한 일이다. 인간은 고정된 존재가 아니라 쉼 없이 흐르는 강에 더 가깝다고 믿으면서, 혼란과 상처 속에 있는 아이들이 스스로 성찰하고 자존감을 회복할 수 있도록 변화의 공간이 되어 주었다.

대화 속에서 삶이 달라지길 바라는가? 그렇다면 저자의 글에 담긴 연민과 사랑, 그리고 힘 빼기를 경험하기를 추천한다.

- 박숙영(《회복적 생활교육을 만나다》 저자)

○

좋아하는 두 가지 경구가 있다. 공교롭게도 둘 다 모두 책의 제목이다. '두려움과 배움은 함께 춤출 수 없다'와 '효과적인 교육은 대화에서 시작한다'가 그것이다. 가르침과 배움이 상호 공존하는 교육의 장에서 대화의 질은 곧 교육의 질을 가늠하는 잣대다.

교육을 흔히 미래를 위한 준비로 여기는 태도가 있다. 물론이다. 백년지대계라는 면에서 교육은 미래를 여는 희망이다. 다른 면에서 교육은 지금-여기의 '삶'이기도 하다. 가르침과 배움의 현장은 삶을 나누는 장소이며 시간이다. 삶이란 과거도 미래도 아닌 현재다. 현재 안에는 과거와 미래가 함께 녹아 있다.

대화가 삶을 나누는 일이라면 그것은 교육의 다른 이름이다. 《삶을 위한 대화 수업》이 교육 현장, 특히 지금의 삶을 잃고 미래에 주로 초점을 맞추는 우리 학교 현장에 묵직한 메시지를 건네리라 기대한다.

- 함영기(교육부 교육과정정책관, 《교육 사유》 저자)

삶을 위한
대화 수업

ⓒ 신호승 2020

2020년 11월 27일 초판 1쇄 발행

지은이 신호승
펴낸이 류지호 · **상무이사** 양동민 · **편집이사** 김선경
편집 이기선, 정회엽, 곽명진 · **디자인** 김효정
제작 김명환 · **마케팅** 김대현, 정승채, 이선호 · **관리** 윤정안

펴낸곳 원더박스 (03150) 서울시 종로구 우정국로 45-13, 3층
대표전화 02) 420-3200 · **편집부** 02) 420-3300 · **팩시밀리** 02) 420-3400
출판등록 제300-2012-129호 (2012. 6. 27.)

ISBN 979-11-90136-32-7 (03180)